京都からカブで行く
日帰り滝めぐり2

FROM KYOTO BY CUB
ONE DAY TRIP TO A WATERFALL 2

武市伸幸
NOBUYUKI TAKECHI

リーブル出版

はじめに

　この本は1巡目（京都からカブで行く日帰り滝めぐり）と同様，近畿中・北部の，遊歩道や登山道があって沢登りなどの必要がなく，手頃に行ける滝がどこにあり，どんな形をしていて，どうやって行けばいいかをまとめたものです．

　今回もカブで回りましたが，1鳴滝は自転車で散歩途中に，36不動の滝と52裏八反の滝，53八反滝，54槙の滝と大岩の滝は自家用車で行きました（裏八反の滝は未舗装の林道区間が長く，カブではパンクが心配でした）．タイトルどおりでなくてすみません．本文中の写真61枚にカブが写っています．隅の方，日陰，あるいは遠方にほとんど分からないように写っていることもあります．時間のある方は探してみてください．

　今回，滝と人々の生活についてもいろいろ気付きました．まず，滝と伝説では，8不動尊の滝と13野鹿の滝に，追われた人たちが滝の神様のお導きで追っ手から逃れた話が伝わっていました．55と64の稚児の滝では追っ手から逃れることができず，連れていた幼い子供を滝の渕に入れたり，滝の近くで殺めたりした話が伝わっていました．京都府南部の宇治田原町から京田辺市にかけての地域では龍王様への雨乞いが行われていたことが分かりましたし，同様なことは京丹波町にも伝わっていました．雨が多い徳島に「雨乞いの滝」が2カ所もあるので，近畿地方で雨乞いが行われていても不思議ではありませんよね．また，京丹波町には，若い女性が滝の渕に入水して龍王様になろうとした話も伝わっていました．若い娘が滝に入水して龍王様になる話は高知にもあり，伝説の共通性を感じることができました．滝と触れ合う際にはこのような伝説にも興味を持っていただくと嬉しいです．

　四国では滝に神様がお祀りされていることが少なく，また，不動の滝なども少なかったので，滝と神様の関係を深く考えたことがなかったのですが，近畿では滝に神様（特に不動明王）がお祀りされていることが多いことから，あとがきでは滝にお祀りされている神様につい

て考えてみました．

　それにしても不動の滝が多いですね．紹介した滝を見ていただくと
分かるのですが，近畿中部から北部には不動の滝がたくさんあります
が，10m を超えるような高い滝はほとんどありません．壮年期の地形
を示す四国とは異なり，隆起準平原のなだらかな地形を示す中国山地
や丹波高地では，高い崖が集落の近くにあることはあまりないので，
昔から身近なところにある小さな滝に不動様をお祀りして人々の安ら
かな生活をお祈りしていたのでしょう．他方，紀伊山地の不動の滝は
そこそこ高く，かつ人里離れたところにありました．ここでは熊野へ
の参拝者が参詣していたのでしょう．

　前回赤目四十八滝のところで触れましたが，滝の形にも個人の好み
があります．私は直下型の高い滝が好みなのですが，はっきりした段
をつくる多段型が趣があっていいという人もいます．皆さんの好みの
形の滝は本書の中にありますでしょうか？

　なお，前回同様滝の高さなどは目測です．滝を見に行く前の参考に
してください（距離はカブのメーターで測りました）．また，滝の場所
についてはネットの「滝ペディア」のページも参考にさせていただき
きました．ありがとうございました．

　2023 年 5 月 1 日

　　　　　　　　　　　　　　　　　　　　　　　武市伸幸

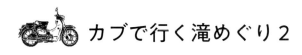

カブで行く滝めぐり 2

京都からカブで行く日帰り滝めぐり・2巡目で取りあげている滝

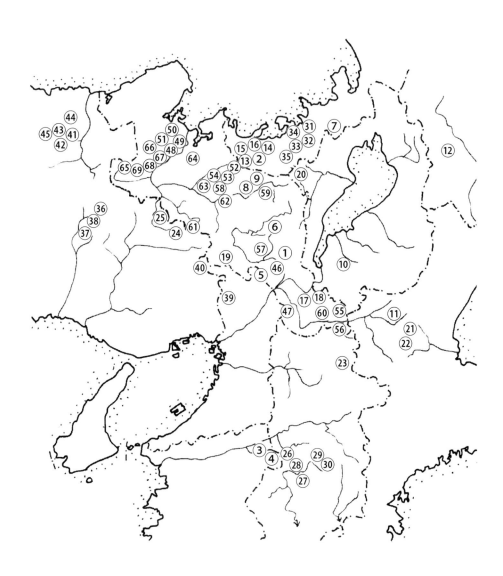

※滝の位置は、おおよその位置です.
※番号は目次と一致しています.

目　　次

1. 鳴滝

鳴滝は京都市市街地北西部，高尾へ行く国道 162 号線沿い，御室川の北音戸山橋の下手に懸かっています．国道 162 号線の福王子交差点から国道を 500m ほど行ったところです．入口は写真のようなところです．左折するとすぐに滝が見えます．

滝の高さは 2 段で 5m あまり．斜面の滝で造瀑岩は小さくブロ

ここに入ります

入口はこんなところです　　左折します

降り口から見た鳴滝

正面から見た鳴滝

ック化した茶色の岩石．対岸をみると地層は褶曲して立っていることが分かります．滝つぼは 4m×6m ほどの比較的深い渕となっています．この滝は写真で見ると小さい滝だったので前回は取り上げませんでしたが，散歩の途中寄ってみると小さいながらに綺麗な滝でした。何事も実物を見ずに判断してはいけませんね．ただ，住宅地の中にあるので，ごみが浮いているのが残念です．

　滝の名は，昔，この滝の水音が突然大きくなり，村人たちに大洪水の発生を知らせたことに由来するそうです．梅雨か台風の豪雨があったのでしょうね．普段静かな瀑音が急にゴーゴーと大きくなったのを不審に思った寺の和尚が，村人たちを高台の寺に集めたところ，大洪水が村を襲ったとか．このことにより，名もない小滝は「鳴滝」と呼ばれるようになり，村も「鳴滝の里」と呼ばれるようになったそうです．

　滝の左岸には祠と句碑があります．句碑の言葉は達筆すぎて私には読めませんでした．

2022 年 2 月 26 日

参考資料：鳴滝（京都市右京区）　―　Wikipedia

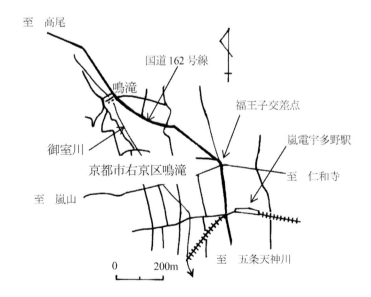

2. 奥の谷不動の滝（おおい町）

　奥の谷不動の滝は福井県も西の端，おおい町名田庄（なたしょう）地区にあります．

　京都から行くと，滝は，国道162号線を名田庄口坂本の坂本駐在所前で左折し，県道を4kmほど行った大滝地区の奥の谷に懸かっています．右手に「大滝」の地名を見たら左手の橋を渡ります．

ここの橋を渡ります

右手にこの案内板を見たら左手の橋を渡ります

　橋を渡って300mほどで動物よけのゲートがあるので，開けて，入って，閉めて，山に向かいます．ゲートを過ぎて400mも行くと前方に大きな砂防堰堤が現れます．林道は堰堤を越えるため左に曲がって上がっています．林道をこのまま上がっていくと滝の上の橋を渡りますが，上からは滝の様子は分かりません．そこで林道を堰堤の袖部まで戻り，カブを止めて斜面を下りました．なお，この滝には案内板は全くありません．足元の悪い斜面を降りて河原に出ると一面の雪の原．この冬はもう3月だというのにまだ30cm以上も再結晶した雪が残っていました．立って歩くと雪を踏み抜いて進めないので，凍った雪の上を四つん這いになって川岸へ．川岸は雪が融けているので，流れに沿って上流へ向かいました．堰堤から150mほどで滝に到着です．

　滝の高さは2段で17mほど．斜

川岸以外は雪の原

面の滝となって 5m ほど落ち, 岩をくり抜いて直径 3m ほどの滝つぼをつくったあと, 急斜面を小さく段をつくりながら飛沫をあげて落下しています. いい滝だと思うのですが, 川に降りる斜面を含めて道はなく, 夏は一面の藪で, 冬は積雪で, 滝に到達することは難しいでしょう.

奥の谷不動の滝遠景

　なお, 「不動の滝」という名は不動谷にあるからだそうですが, では不動谷が何に由来するのかは分かりませんでした.

　私はこの日, 「野鹿の滝」から順にこの近辺の滝を 3 つほど回る

奥の谷不動の滝近景

つもりでした. ところがこの冬の雪で野鹿の滝に入れず, 「さあどうしようか」と道端で地図を見ていたところ, 親切心からかそれとも不審者と思ったのか, 巡回中の交番のお巡りさんがやって来て, 大野市の「仏御前の滝」を紹介してくださいました. 大野市まではここからはすぐには行けないのですが, 素晴らしい滝らしいのでそのうち行ってみようと思います.

2022 年 3 月 11 日

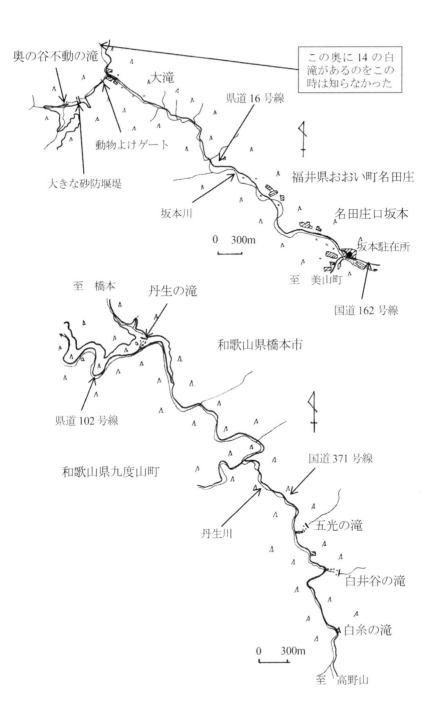

奥の谷不動の滝

大滝

県道 16 号線

この奥に 14 の白滝があるのをこの時は知らなかった

動物よけゲート

大きな砂防堰堤

福井県おおい町名田庄

坂本川

名田庄口坂本

0　300m

坂本駐在所

至　美山町

国道 162 号線

至　橋本

丹生の滝

和歌山県橋本市

県道 102 号線

国道 371 号線

和歌山県九度山町

五光の滝

丹生川

白井谷の滝

白糸の滝

0　300m

至　高野山

3. 丹生の滝

　丹生（にゅう）の滝は和歌山県は高野山の北東側，玉川峡のある丹生川の右支に懸かっています．橋本市と九度山町の境あたりです．滝へは，橋本市の市街地から紀ノ川を渡り，国道371号線を南進します．峠を越えて丹生川沿いへ下り，右折して県道102号線に入り800mほど行ったところに登り口があります．

ここに市町の境の標識があります

ここから登ります

登り口はんなところです

ここにピンクのテープが

ピンクのテープの手前を左に下ります

　登り口は左写真のようなところです．案内はありません．九度山町側（写真では向こう側）から来ると「橋本市」の標識が見えますが，橋本市側から来ると「九度山町」の標識は色褪せ，また，木の枝に隠れて見えませんでした．うっかりすると通り過ぎてしまいます．市町の境に滝があることを知らないと，どこが登り口か分からないかもしれません．

　滝へは，登り口から山道を一度尾根まで上がり，尾根筋を進みます．尾根までの道は狭くはっきりしない道ですが，尾根筋の道は広く明るく，気持ちのいい山道です．登り始めて5分も行くと左に降りる分岐点に達します．この日，分岐点の木にはピンクのテープが巻かれていました．テープがなくても分岐点あたりで前方左下に滝が見えるので，降りる場所を間違うことはありません．ここで左下に下ると滝の正面に出ます．

滝の正面には小さな祠が

滝の高さは 15m あまり．水は小さくブロック化した岩の上を斜面の滝となり飛沫をあげて流れたあと，オーバーハングした岩から宙に舞って下の岩に落ちています．写真ではその姿を十分伝えることができていませんが，一見の価値のある綺麗な滝です．滝の周囲は針葉樹と広葉樹の混交林で，かつ，滝の下流も渓流をなし，落ち着いたいい雰囲気を醸しだしています．振り向いて右上方を見ると，石積の上に小さな祠がお祀りされていました．

滝の名の由来について何人かにお聞きしたのですが，地元の方がいなくてよく分かりませんでした．何の本で読んだか忘れましたが，「丹生（にゅう）」という地名は「丹（に）」が採取される土地に付けられるこ

丹生の滝

とがあるそうです．ここで「丹」とは「辰砂（しんしゃ）」のこと．また「辰砂」とは硫化水銀のことなので，かつてはこの辺りで水銀が採れていたのかもしれませんね．そういえば川の名前が丹生川なので，この川の近くで辰砂が採れたのでしょうか（あくまでも個人的推測です）？どうでもいいことですが，佐賀県は嬉野温泉の西に「丹生川（たんじょうがわ）」というところがあります．若いころ私は，そこにあった地すべり調査の現場で水路の測量やアンカー試験を行ったことがありました．あそこでも辰砂が採れていたのだろうかと，「丹生」という地名を見るたびに思います．なお，参考までに，これも何の本で読んだのか忘れましたが，「丹生」という地名は「赤土」の場所にも付けられることがあるそうです．

2022 年 3 月 17 日

参考資料：丹生―Wikipedia　　辰砂―Wikipedia

4. 五光の滝

　五光の滝は丹生の滝よりさらに丹生川を高野山方向に遡ったところにあります．県道 102 号線から国道 371 号線に戻ったところから，国道を 3.3km ほど南下したところが登り口です．

　滝の登り口はこんなところです．国道脇には滝の案内板が設置されています．また手前の橋からは，五光の滝で修行した僧たちが身を清めた御手洗の滝が見えます．御手洗の滝は高さが 9m あまり．小さく 2 段になったあと，急斜面から直下型となり比較的広くて深い淵に落ちています．山中にあれば小ぶりながらも立派な滝となっていますよね．

この下が御手洗の滝　　この階段を上がります

五光の滝登り口

　五光の滝はここから段のついた遊歩道を 6 分ほど登ったところに懸かっています．滝の高さは 20m あまり．小さくブロック化した岩からなる急斜面を布状に広がって，縞模様をつくりながら滑り落ちています．綺麗な滝です．その姿は布引の滝と言ってもいいでしょう．造瀑岩は泥岩ないし頁岩系岩石ではと思いました．

　案内板によると，その名は，滝に打たれるために沢

御手洗の滝　　国道の橋から見下ろします

五光の滝　　岩を掘り込まず広がって落ちています

を上ってきた修行僧が，日光を受け五色に輝く滝の飛沫を見て，その神々
しさに時を忘れたことに由来するそうです．そういえば，この日も滝つ
ぼには虹がかかっていました．案内板には，滝左側の崖の中腹には不動
明王の像があると書かれていますが，それらしきものは分かりませんで
した．双眼鏡でも持参して探してみてください．

　この滝のある沢の南に
「北宿」という集落があ
り，また，西の山上には
「南宿」という集落があ
ります．高野山に近いの
で何か関係があるのでは
と思っていると，案の定，
この宿（やどり）地区は
明治維新までは高野山の
寺領地で，数多くの修行
僧や山伏がこの地で修行

白井谷の滝　　下から2つ目の滝

白井谷の滝　　下から4つ目の滝

滝をめぐる道？？

を行ったと，案内板に記されていました．
ここは空海の御廟のある奥の院に近く，宿
坊があったのでしょう．

　この辺りは滝が多く，一つ南の沢には白
井谷の滝が懸かっており，さらにその南の
国道脇には白糸の滝が落ちています．白井谷の滝は連続する小さい滝の
総称で入口には国道から赤い鉄製の板が架かっており，遊歩道とはとて
も言えない山道が通じています．この山道はトラロープと鎖を掴みなが
ら歩くような道です．5つほど小滝があるようなので入ってみました．下

から2つ目と4つ目の滝
は高さが3mほどで大き
な渕がありました．4つ
目から5つ目へは写真の
左の岩をクリアしなくて
はならないのでやめて帰
りました．白糸の滝は元
々水量が少なく写真には
なりませんでした．

　この辺りは玉川渓谷と
呼ばれ，綺麗な谷が続い

白糸の滝付近の玉川渓谷

ています．広葉樹が多いことから，秋の紅葉は綺麗なことでしょう．

2022年3月17日

5. 産の滝

　産（さん）の滝は向日市西部の山中に懸かっています．滝へは国道171号線の中久世交差点から入ります．久世橋から行くと左にマクドナルドを見て交差点を右折し，高架橋でJRの線路を越えて向日町駅の前を通り，阪急の線路を越えてすぐの梅の木交差点を右折します．ここまでだいたい1.8kmほどです．交差点を右折したら道なりに丘を越え谷へ下りて進みます．3.2kmほど行くと左に灰方郵便局と大野原交番が並んであるので，そこで左折，次の二又を右にとり山に向かいます．二又から900mほど行くと2度目の二又があります．ここからは金蔵寺の案内があるので，それにしたがっていきます．道は集落を抜け，岩倉川を渡ると急な山道となります．交番から4.1km行くと写真のような急カーブがあり，向こ

産の滝

産の滝入口

産の滝

うに産の滝が見えています.

　滝の高さは 6m あまり. 斜面の滝となって 3m ほど落ちた後, 直下型となり 3m ほど落ちています. 3×3m ほどの深くない滝つぼがあります. 造瀑岩にはコケやシダが付き, また周囲はスギの混ざる広葉樹林で落ち着いた雰囲気は出ています. 駐車場の向こうには柵があり, 小さな祠もあることから, ご神域としてお祀りされていたのでしょう. この上には一の滝と二の滝があるようで, 3 番目なので三の滝なのでしょう. 近畿地方は本当に「一, 二, 三」が好きですね. 3 番目なら「三」とすればいいところをわざわざ「産」としているのは, 高蔵寺の境内にあり, 仏教的な意味があるからでしょうか? 滝口の左上に見えているのが二の滝かもしれませんね.

　高蔵寺はここからもう少し車道を上ったところにあります. 東海自然歩道が通っており, 現地の案内板によると, このお寺は 718（養老 2）年に元正天皇の勅願で創設された古刹だそうです. 大野原交番のお巡りさんによると, このお寺は建物は小さいけれども境内はとても広いとのことでした. 滝のことを尋ねると, 「広い境内なので滝もあるだろう」とおっしゃっていました. 地形図に滝の記号は出ていますが, 小さい滝ですし, ほとんど知られていない滝なのでしょう. なお, 現地には寺の案内板も含めて, 滝の記載や案内は全くありませんでした.

　　　　　2022 年 3 月 24 日

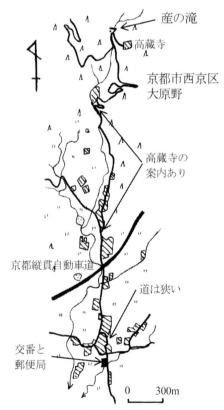

産の滝
高蔵寺
京都市西京区
大原野
高蔵寺の
案内あり
京都縦貫自動車道
道は狭い
交番と
郵便局
0　　300m

JR 向日町駅を経て国道 171 号線に至る

6. 牛ケ滝

　牛ケ滝は京都市北区大森地区の西
の谷川に懸かっています．京都市か
ら行くと国道 162 号線を北進し，笠
トンネル手前の小野の集落で国道を
右折，府道に入って 3.4km ほど行っ
た大森中町の集落内で左折（新道を
行くと旧道を橋まで戻る），大森西
町の集落を抜けて山へ進みます．西

ここを下ります

林道入口　右に下ります

町から 1.5km ほど行くと右上の写真
のような二又があるので，右の牛ケ
滝林道に入ります．林道は未舗装で
路面は非常に悪いです．林道に入っ
て 200m ほど行くと次の二又がある
ので，ここも右に下ります．この林
道も路面は悪く，滝まで待避所はあ
りません（カブは回せますが車は回
すことはできません）．私が行った
時は途中に倒木が 3 本ほど道路をふ

ここを通ります

ここを下ります

2 つ目の二又　右に下ります

さいでいたので，車はここに置いていった方がいいでしょう．滝へはこ
こから歩いても 5 分ほど
です．
　牛ケ滝は 2 つの沢の合
流点から少し上流に懸か
っています．主瀑は向か
って右側の谷で，林道か
ら見ることができます．

本流に懸かる滝
説明は次ページ下から

林道から見た牛ケ滝　　　　　　　　正面から見た牛ケ滝

　林道から見える滝の高さは3段で15mあまり．急傾斜で3mほど落ちたあと，急傾斜→ほぼ直下に10mほど落ちて直径3mほどの渕を形成し，さらに2mほど落ちています．美しい滝です．名の知られていない滝ですので，正直に言ってこれほど綺麗な滝とは思いませんでした．

　遠目でしか見ていませんが，この滝の特筆すべき点は見えている滝口から上にあると思います．林道から見るとこの滝は岩の中から水が湧き出て落ちているように見えます．「え，どうなっているの」とよく見ると，水は岩を幅1〜2mほどに10mほど掘り込んだところから出ています．この線状侵食は見事です．地元の人はこの滝を「七つ滝」と呼んでいるようですので，この上にも滝と渕が連続しているのでしょう．

　二又まで戻り，林道をさらに300mほど行った植林の端から植林の中を谷に下りると，本流に懸かっている滝の正面にでます．

本流に懸かっている滝の高さは4mあまり．直下型で直径5mほどの渕があります．なお，牛ケ滝という名は地名だそうで，この辺り一帯を牛ケ滝というそうです．遠い昔，牛に関する何かがあったのでしょうか？

滝を探している途中，野生の子鹿に会いました．とても警戒していました．おしりの白い毛がかわいかったです．カブの前を往復し，山に消えていきました．

2022年3月25日

野生の子鹿

山中で出会った野生の子鹿

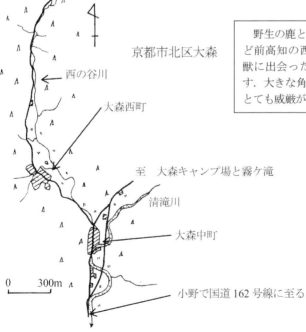

牛ケ滝

牛ケ滝林道

京都市北区大森

西の谷川

大森西町

至　大森キャンプ場と霧ケ滝

清滝川

大森中町

0　　300m

小野で国道162号線に至る

野生の鹿といえば，20年ほど前高知の西熊山で雄の成獣に出会ったことがあります．大きな角を持っていて，とても威厳がありました．

7. 屏風ガ滝

　屏風ガ滝は福井県美浜町新庄の関西電力嶺南変電所の西側の谷に懸かっています．滝へは国道27号線の美浜町河原市交差点から県道213号線に入り，6.1km走って新庄の集落を抜けたところで橋を渡って関西電力の変電所へと向かいます．入口はこんなところです．橋を渡ると左手に

この道を行きます

県道からの入口　　　　　　　　　　滝への登り口

滝への案内があるので，それにしたがって変電所の敷地の外周を山へと向かいます．敷地の西側で棚田の脇を上ると登山口の広場に出ます．
　広場にカブを止め，奥の動物よけのゲートを開けて山に入って滝を目指しました．ゲートを抜けると滝まで30分との案内がありました．山道は初めは普通の山道でしたが，最初の橋を渡った辺りから踏み跡と化します．「若狭美浜トレイル」と書かれた紅色のテープを頼りに登っていきます．どこかのページに「緩くて登りやすい道」と書かれていましたが，時々道は分からなくなるし，鎖に摑まって岩場を越えるところもあるし，「どこが登りやすい

下から見た渓流型の大きな滝

道なんだ」と思いながら進みました．途中川を8回渡りますが，橋はステンレスの棒に横木を付けたしっかりした物を渡してくれていました．入口には30分と書かれていましたが，残雪に足をとられたり，残雪で道を見失ったりで40分かかって滝に到着しました．

　この日は前日の雨に加え雪解けの水で川は増水していました．7つ目の橋の対岸は増水した水が橋の上に溢れていました．そこを何とかクリアすると眼前に大きな滝が現れました．前ページの写真は8つ目の橋から撮ったもので，下の左の写真は滝正面の滝見台から撮ったものです．

滝見台から見た渓流型の大きな滝　　　　　　　屏風の滝遠景

　滝の高さは20mあまり．10mほどなめらかな斜面の滝となったあと直下に10mほど落ちています．造瀑岩は茶色の深成岩で，一枚岩が大きなブロック状に割れているように思います．広く明るい谷で，落葉広葉樹も多く，秋の紅葉は綺麗でしょう．

　でも「これは大きな渓流の滝で屏風の滝とは言えないのでは？」と滝を見ると右手に道が続いています．それを上って滝口に出て奥を覗くと屏風の滝の主瀑がありました．本来の屏風の滝は高さが12mあまり．岩場を幅数mに掘り込んだ奥に懸かっています．両側と奥の岩はほぼ垂直

に切り立った崖で，文字どおり屏風に囲まれた形をしています．滝口から勢いよく飛び出た水は，直径5mほどの滝つぼに飛び込んでいます．ゴウゴウという瀑音で他の音はかき消されていました．

現地の案内板には滝の岩に不動明王が彫刻されているとあります．実際，水が飛んでいるところの岩肌に何か彫刻されたものがあるように見えました．水が少ない時行ってみてください．

帰りも40分かかったので30分では着かないのではと思いました。

2022年3月27日

この辺りに
何か彫られ
ています

屏風の滝近景

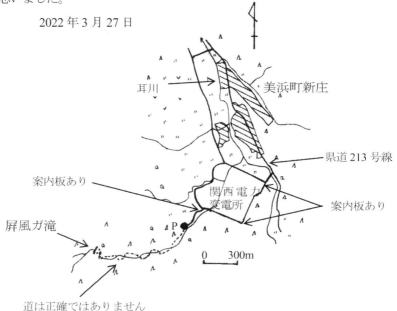

耳川

美浜町新庄

県道213号線

案内板あり

関西電力
変電所

案内板あり

屏風ガ滝

P

0　　300m

道は正確ではありません

8. 不動尊の滝（南丹市）

　不動尊の滝は南丹市美山町中地区を流れる知見谷川右支杉波谷川の右支に懸かっています.

　滝へは国道 162 号線を美山町安掛で右折，かやぶきの里を通って 8.5 km 走った中地区の郵便局を過ぎたところで左折します. 左折して 450m ほど行くと右側に不動尊の滝の案内があるので，左折して市道→林道を進みます. 府道からの入口は左写真のようなところです.

ここに案内板あり

府道からの入口　　左折します

林道両側に立つお燈明

　左折して 350m ほど行くと舗装が終わり林道となります. 未舗装の林道（路面はそこそこ良い）を 1.6km ほど行くと右写真のようにお燈明が林道の両脇にあり，ご神域（?）へ. さらに 370m ほど行くと滝への登り口です. 登り口には案内板とステンレス製の橋があります.

この橋を渡って入山します

滝への登り口

谷まで落ちる崖

滝に至る道　　左は急傾斜の斜面

　滝へはここから 20 分. 橋を渡って急斜面を尾根まで登り，その後はダラダラと下っていきます. この尾根から先，次の尾根を曲がって杉の林

に下りるまで前ページの右のような道が続きます．写真では何でもない山道に見えますが，左は急斜面で谷まで落ちています．見てのとおり転落防止の設備はありません．道には落ち葉が積もっていて，うっかり滑れば谷底まで一直線．重傷以上は間違いなしです．高所恐怖症の私はビビりまくりでした．「落ちたら救助は来てくれるだろうか」，「入口にカブがあるし，道を聞いたお巡りさんも入っていることを知っているからそのうち来てくれるかな」，「落ちて死んだら病死じゃないので保険金が多くでるなぁ．でも自分は受け取れないか」などと思いながら抜き足，差し足で進みました．途中2度ほど足がすくみました．こんな怖い道は初めてでした．

正面から見た不動尊の滝 　　　　不動尊の滝　遠景

　橋を渡って20分，やっと滝へ到着です．入口からは700mあまりだと思います．滝は杉波谷川の右支に流れ込む右支に落ちる沢に懸かっています（地図を参照）．そのため，到着するまでその姿は見えません．

滝の高さは 12m あまり．小さく 2m ほど落ちたあと急斜面→直下型の滝となり 10m ほど落ちています．水は流れの方向に真っすぐ落ちるメインの流れと，左に振って落ちる流れに分かれています．滝の向かって右側にはオーバーハングした岩が岩屋を形成し，その下に小さなお社が建っています．お燈明も 2 基見えますね．このことからも信仰の厚い滝だということが分かります．ではこの滝が深く信仰されるのはどのようないわれがあるのでしょう．

　登り口の案内板にはこの滝が信仰されるいわれについて次の話が紹介されていました．

　　越前の国，一乗谷の戦いに敗れた朝倉一族への追手は，信長の厳命で若狭の国一円にも張られていた．行商人の姿に身を変え若狭街道を急ぐ三人衆は知見中村で追手が迫っていることを知り，道のない山越えすることにした．追手は大掛かりな山狩りを始めていた．追い詰められて三人衆は滝つぼの前に集まり，信仰していた不動明王を滝つぼに安置し，最期の水を酌み交わしていると，滝の上から一筋の光が差しこんできた．もしかしたらと滝に登りつめると追手や勢子は三人を見失い，反対の尾根筋へと消えて行った．三人衆は不動明王の霊験で救われたことを知った．

　　この話は智井之庄にも伝わり，お不動さんにお参りする人々が増え，山の神への安全祈願も行うようになった．特に 6 月 28 日のお祭りには近隣近住の人々が集まり大変賑わう．

　こんな信仰厚い滝が一般に知られず落ちているのが不思議です．広い谷で日当たりもよく，適度に苔むし雰囲気はいいです．周囲は落葉広葉樹が多いので秋の紅葉は綺麗でしょう．滝自体もいいですしね．ただ，この辺りはクマの生息域だそうで，お巡りさんが言うに「去年の 4 月にはクマの目撃があった」そうなので，1 人で入っている私が言うのも何ですが，転落事故も怖いし，1 人での入山は十分注意したほうがいいでしょう．

2022 年 4 月 1 日

（地図は 23 ページ）

9. 七面の滝

七面の滝は不動尊の滝への入口から府道をさらに7.6km入った美山町知見地区の正法寺左奥に懸かっています．入口は右写真のようなところです．正法寺（無人）へ至る階段の途中を左折し，赤い橋を渡り登っていきます．2分も登ると七面大明神のお堂があ

この橋を渡る

滝への登り口　左の赤い橋を渡ります

り（下から見える），その裏に滝は懸かっています．

滝の高さは8mあまり．浅くて小さな滝つぼがあります．写真では滝口の上に小さな滝が写っており，方向を変えて見るとさらにこの上にも滝が落ちているのが分かります．小滝が連続しているのでしょう．でも，この場所は霊験あらたかな場所なのでしょうが，滝自体は美しいという滝ではありません．

七面の滝

滝へ至る道の途中にあった七面大明神縁起によると，七面大明神は室町時代中頃を起源とする由緒ある寺で，開祖は月明上人．月明上人は法華経勧持品第十三の世界がこの地にあるとお悟りになり，この地で願を発し，七面大明神を観応され，七面大明神を勧請されたと記されています．毎月19日の七面大明神縁日には月祭りがあり，9月19日には七面大明神大祭が行われるそうです．

2022年4月1日

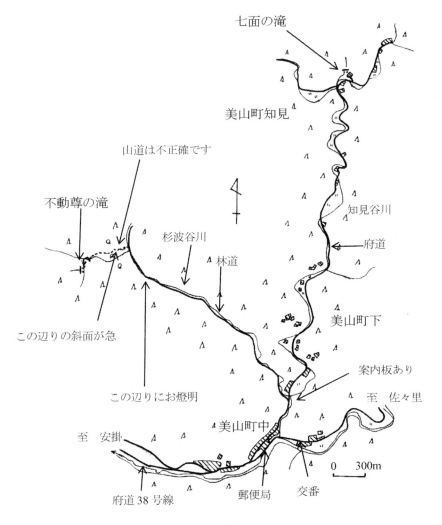

10. 九品の滝

　九品（くぼん）の滝は栗東市南部の井上地区にあります．滝へはまず
栗東トレーニングセンターを目指していきます．センターを過ぎ，県道
12号線を南へ走ると，川沿いの桜並木が終わったところに入口がありま

県道からの入口　左折します　　　　　　滝への入口

す．滝の登り口はここから穴口
川に沿って1.2km（案内板には
東へ1.3kmとある）行ったとこ
ろにあります．「九品の滝」と
彫られた大きな石碑と駐車場が
あります．名が彫られた石碑の
横には滝の名のいわれが彫られ
た石碑もあるので，それを読ん
でから滝へ向かいました．滝は
写真右奥の道を6分ほど行った
ところに懸かっています．広い
道で，最後は赤い鉄製の手すり
が付いた階段になっています．
　滝の高さは12mあまり．小さ
く段をつくったあと急斜面をす
べり落ちています．造瀑岩は花
崗岩系の岩のように見えます．
茶色がかったなめらかな岩肌で，

九品の滝　　茶色のなめらかな岩肌が特徴

南山城村の不動の滝と同じ顔つき
をしています. 違えて出されても
分かりませんよね.

南山城村の不動の滝
表情が似ているでしょう

　入口の「九品の滝のいわれ」の
石碑には, この滝の名の由来につ
いて次のように彫られていました.

　　浄土経典, 観無量寿経に九
　品浄土の説がある. 江戸時代
　前期に島津氏ゆかりの尼僧が
　この地に隠棲し, いく度もこ
の滝を訪れて詠んだ歌が伝えられている.

　　　井上の滝の響きはさながらに　九品浄土の楽とこそ聴け
　上滝, 中滝, 門滝と三段に飛沫をあげる様子は, まさに九品浄土
　の荘厳を表す. この伝承をもとに九品の滝と称せられている.

　前ページの滝は最も大きい上滝
で, 最下流部には直下型で高さ3m
ほどの門滝があります. 上滝と門
滝の間は小渓をなし, どこが中滝
かは分かりませんでした.

　　　2022年4月9日

至　国道1号線

栗東
トレーニング
センター

案内板あり

県道12号線

穴口川

駐車場

九品の滝

0　300m

至　信楽町

11. 白藤滝

　白藤滝は伊賀市山畑地区の滝川に懸かっています．国道 25 号線の西之沢交差点から県道 679 号線を通って県道 2 号線に入り 3.4km 行くと左写真の二又があります．ここに案内板があり，白藤の滝 4.2km と書かれています．ここで二又を左にとり，丘陵の水田の中の道を抜け，山に入って（カブのメーターで）4.1km 行くと白藤の滝の入口です．入口は右写真のようなところで，小さな社とベンチとトイレがあります．

県道からの入口

滝への入口

　滝はここから 80 数段の階段で急斜面を河床まで降り，70m ほど遡ったところに懸かっています．川の右岸は切り立った崖で，付近は小峡谷をなし，いかにも滝があるぞという雰囲気が出ています．

白藤の滝
遠景

滝の高さは15mあまり．水は急斜面をU字型に掘った最深部を流れたあと，宙に舞って岩の上に落ちています．直径 10mほどの渕があります．滝の正面に立つと渕を渡って涼風がそよいできます．綺麗ないい滝です．周囲には落葉広葉樹が多く，秋の紅葉は綺麗だということでした．写真では斜面の滝の部分が日影になり，ハート形に見えています．名の由来は直下型に落ちる姿が藤の花のように見えるからとか．そんなふうに見えますよね．

市道に戻り400mほど上へ行くと右側に二位の滝の標識があります．滝は標識のところから道を川へ下ったところに懸かっています．

滝の高さは7mほどでしょうか．渓流型の滝で，直径8mほどの浅い渕があります．

市道へ戻り，さらに

影がハート型に見える

白藤の滝近景

二位の滝

600mほど行くと右側に三寶の滝の標識と石碑があります．滝は標識のと

ころから広い遊歩道を川に下ったところにあります．道はグルっと尾根を巻いて下るので着くまで滝は見えません．滝の高さは3mあまり．広い渕があります．「三寶」の名の由来（「二位」の名の由来も）は分かりませんが，石碑もあるので由緒あるものかもしれませ

三寶の滝　　滝ではなく渓流です

んね．でも，これは滝ですか？渓流でいいのではないでしょうか？

　白藤滝は一見の価値があります．このような滝の名が地形図に載っていない（滝の記号はあります）のは可哀そうです．

2022年4月9日

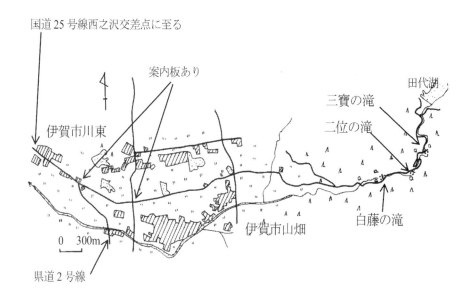

国道25号線西之沢交差点に至る

案内板あり

田代湖

三寶の滝

二位の滝

伊賀市川東

白藤の滝

伊賀市山畑

0　　300m

県道2号線

12. 不破の滝

　不破の滝は岐阜県垂井町にあります. 滝へは県道216号線の新井交差点から入ります. 交差点の東側に「慈鶏園　赤玉有精卵」の看板があり, その下の部分に不破の滝4.2kmの案内があります. 交差点の西側にも案内はあります. 私は交差点名に気を取られ, 2つとも見落として, 駐在所のお巡りさんに行き方をお聞きしました.

新井交差点　　左折します

滝への入口

　新井交差点から町道を2.7km行くと青羅公園のキャンプ場があり道は2つに分かれます. ここで右側の林道東谷線に入り, 舗装された林道を1.4km行くと滝の入口です（直進は災害で通行止め）. 入口は右写真ようなところで, 奥のカーブを曲がった向こうに滝は懸かっています. カーブの手前には滝の主であるお不動様がお祀りされているので, 手を合わせてから滝に向かいました.

　滝の高さは15mあまり. 広い滝口のまん中の岩が侵食から取り残されているので, 水は2条に分かれて落

不破の滝遠景

下しています．造瀑岩は大きくゴツゴツにブロック化した岩で，分かれた水は岩に当たりはじかれながら落ちています．水量も多く力強い滝です．なお，洪水時に小規模な土石流が走ったようで，滝の周囲は大きな礫が散乱して荒れており，滝つぼも礫で埋まっているようでした．

不破の滝近景

　滝手前に祀られているお不動様について，滝の入口にある案内板には次のような伝説が紹介されていました．
　　　昔むかし，不破の滝・養老の滝にそれぞれの滝を守護するお不動様がおられました．
　　　お二人の不動様は，自分の滝の自慢話から，いつもケンカばかりしており，あげくに両方のお不動様は自分の滝をほったらかして，

相川のあたりまで飛んできて，取っ組み合いのケンカになってしまいました．

　それを見かねた偉いお不動様が天から降りてきて，こんこんと説教をされ，「不破の滝，滝の幅や水のかさでは，養老の滝よりまさっていて男らしい力強さをもっておる．しかし養老の滝は，その高さや形では，不破の滝よりまさっていて女のように美しい．」と言われ，それからはお互いに相手の良さを認め合って仲良くなり，不破の滝は男滝，養老の滝は女滝というようになったと伝えられています．

　暖かい春の日差しのなか，苔むした林道脇では家族連れがお弁当を広げていました．滝の手前が復旧して滝を見ながら一休みできるようになるといいですね．綺麗な滝です．滝の周囲は落葉広葉樹の林なので，秋の紅葉はさぞ綺麗でしょう．

2022 年 4 月 10 日

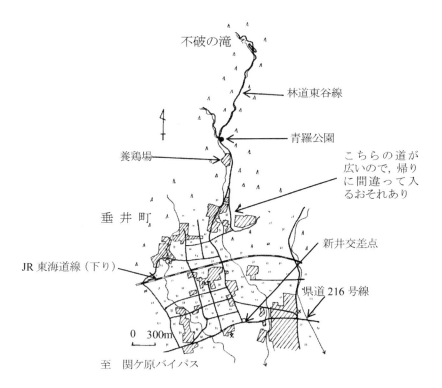

不破の滝

林道東谷線

青羅公園

こちらの道が広いので，帰りに間違って入るおそれあり

養鶏場

垂井町

新井交差点

JR 東海道線（下り）

県道 216 号線

0　300m

至　関ケ原バイパス

13. 野鹿の滝

　野鹿（のか）の滝は福井県おおい町名田庄納田終（のたおい）の山中
にあります．滝へは国道 162 号線の道の駅「名田庄」の北側にある納田
終橋北詰から県道 771 号線を進みます．県道を 4.1km ほど行くと林道頭
巾山線の起点があり，滝への案内標識もあります．滝へはここから 2.5km

案内の標識

案内の標識

国道からの入口　橋の向こうを左折　　　　県道からの入口

と書かれています．滝のすぐ近くまで林道が通っているので楽勝楽勝と
思っていたらこれが大間違い．林道は通行止めとなっていましたが，よ
くあることなので，「カブは大丈夫」と入っていったところ，200m ほど
進んだところで倒木により通行不能に．帰るという選択肢はありません
から，そこから渓流沿いの林道を 2.3km 歩きました．谷は広くて明るく，
流れは澄んで綺麗で，杉林は下草が刈られよく手入れされています．路
面はアスファルト舗装されており，クマの心配がなければ絶好の遊歩道
です．なお，この日林道は何カ
所も倒木でふさがれていました．

この向こうを降ります

　歩き始めて 43 分で滝への降り
口に到着．滝へはここから斜面
をステップの付いた山道で下り
ます．谷まで降りて 20m ほど上
流へ行き，角を曲がると眼前の
野鹿の滝が現れました．

　滝の高さは 15m あまり．水
は左方向に数m落ちて段をつく

滝への降り口　何もなければここまでカブ
で来ることができたのに

ったあと，方向を変えて急斜面を飛沫をあげて大きな滝つぼへと落ちています．奥の深い谷に懸かっているため水量も多く，力強い滝です．滝つぼのこちら側には岩が円形に，堤防状に残されており，水が岩をくり抜きながら後退していったことが分かります．さすが国道に滝の案内が出ているだけのことはあると思いました．

　現地の案内板によると，この滝には，その昔，戦いに敗れて落ち延びようとした安倍家の別当石王丸が，滝つ

雪解けの水だからでしょうか茶色く濁った水が飛び出ています

野鹿の滝

ぼから光を放つ薬師如来像に逃げ道を教示されたという伝説が残されているそうです．でも，これってどこかで聞いた話に似ていませんか？ 8の不動尊の滝にも同じような話が伝わっていましたよね．不動尊の滝の場合はお不動様が滝の上から光で示したことになっていました．おおい

町と美山町なら山一つですので，何か元になる出来事があったのかもしれません．それとも同じような神様の啓示が2件あったのでしょうか．

鱒の滝

滝の下流の野鹿谷には「いざない遊歩道」が設けられ，ベンチと東屋があります．でも途中に高さ3mほどの鱒止めの滝があり，ここで遊歩道は切れているので要注意．

帰りは38分で帰りました．みなさんが行くときには通行止めが解除されていることを祈ります．

2022年4月17日

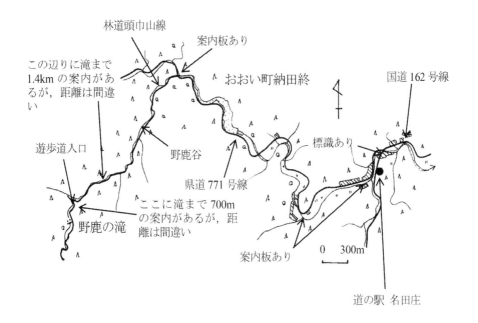

林道頭巾山線

案内板あり

この辺りに滝まで1.4kmの案内があるが，距離は間違い

おおい町納田終

国道162号線

遊歩道入口

野鹿谷

標識あり

県道771号線

ここに滝まで700mの案内があるが，距離は間違い

野鹿の滝

案内板あり

0　　300m

道の駅　名田庄

14. 白滝（おおい町）

　白滝は2で紹介した奥の谷不動の滝のあるおおい町大滝地区にあります．県道16号線から奥の谷に入らず，400mほど県道を進んだ広場の対岸に懸かっており，その姿は県道から見ることができます．広場の左手

この辺りに墓地

県道の広場

は墓地になっており，広場の向こう側の川には砂防堰堤があります．
　地元の方に滝のことをお聞きすると，「滝はあるよ」，「長靴を履いて川を渡れば行けるよ」とのことでした．そこで堰堤のところから川を見ると，川の両岸は護岸工事がされており，川に降りることはできないし，降りたら向こうで上れません．どうしようかと県

県道から見た白滝

道を400mほど行くと，県道が支流を渡る橋の手前で川に降りれるところがありました．そこで，県道脇にカブを止め，ガードレールを跨いで杉林に降り，靴を脱いで川を渡り，また履いて滝へ向かいました．
　滝の高さは10mあまり．2段からなり，滑らかな1枚岩の上をすべり落ちています．上段から下段へは流れる方向が変わっていることが分かります．10×5mほどの滝つぼがありますが，枝等が散乱していて綺麗ではありませんでした．岩は白くないので，近畿なら白滝というよりも布引の滝という感じです．

ここに上段が見える

飛び出ているように見えます
が岩の上を落ちています

白滝　　　上に1段あるのが分かります

　滝自体は綺麗な滝と思うのですが，おおい町の行政の人はどうしてこんな滝を放っておくのでしょう．地元の人も関心がないようでしたし．奥の谷不動の滝もそうでしたが，山道でも造ってアクセスしやすくすれば人は来るのにと思いました．

2022年4月17日

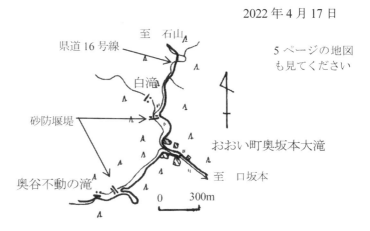

至　石山

県道16号線

白滝

砂防堰堤

おおい町奥坂本大滝

至　口坂本

奥谷不動の滝

5ページの地図
も見てください

0　　　300m

15. 新鞍の大滝（おおい町）

　新鞍の大滝はおおい町の三森の集落と川上の集落の間の新鞍谷に懸かっています.

　滝へは県道1号線の新鞍橋の西側から新鞍谷林道を上っていきます. 林道に入り100m行くと動物よけのゲートがあるので，開けて，通って，閉めて，山へ入ります. ゲートの脇には滝まで1300mとの案内も出ています. ゲートを抜けてカブのメーターで1.2km,

林道の案内　　滝の記載あり

県道からの入口

U字型の急カーブの奥に滝は懸かっています.

新鞍の大滝　　手前の倒木がジャマしてます

　滝の高さは25mあまりでしょうか，12mほど垂直に落ちたあと，斜面→直下→広い段をつくり→斜面の滝と変化しながら落ちています. 広い谷がここからは狭くなり，遷急点が山側へ侵食しながら進んでいること

が分かります．滝口には侵食から取り残された岩が残っており，そのため水は2条になって，2条のまま下まで落ちています．例えば大津市の明王谷の夫婦滝（山深くにあるので私は写真でしか見たことがありません）のように，このような滝を夫婦滝と呼ぶこともあります．ここでは高い滝なので大滝なのでしょう．

なお，この滝からさらに林道を900mほど上ったところに夫婦滝がありますが，水量も少なく，木々に遮られており，滝というより崖あるいは急な渓流という感じでした．

直下から見た新鞍の大滝

2022年4月17日

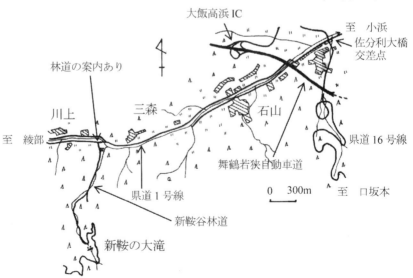

16. 不動の滝（おおい町）

　これはおおい町父子（ちちし）にある不動の滝です．県道16号線と県道1号線が交わる佐分利大橋交差点から県道1号線を東へ4kmほど行くと，道の左手に「父子不動の滝公園」の案内があります．場所は左写真のようなところです．ここで町道に入り1.3kmほど行くと，動物よけの

県道からの入口　　　　　　　　　　　公園の入口

ゲートがあります．途中の分岐点には「ふるさと小公園」の案内があるので，それにしたがって行きます．「不動の滝公園」はここでいいのか？と思いますが，ゲートの金網に「不動の滝」の名があるので，この道で

不動の滝

いいと分かります．ゲートを抜けて100mも行くと右写真の公園の入口に着きます．舞鶴若狭自動車道の真下です．ここにカブを置き歩いて公園に入りました．杉林の中を2分も歩くと「清流の家」に着きます．道なりにこの家の左を通って裏に出ると不動の滝が見えました．

　滝の高さは10mあまり．薄い水平の筋の入った岩を数条に分かれて落下しています．手前の岩が茶色なのに造瀑岩が黒いのはコケが付いているからでしょう．岩は真っ黒です．水が流れてないところにはシダ類も茂っています．湿気が多いのでしょう，地面には厚肉のコケもへばりついています．滝の手前の向かって左の岩の中腹にはお不動様でしょうか，小さな祠も見えます．滝の手前には円弧を描くように岩が残っているので，この岩から3mほど滝は地層を奥へ掘り込んだのでしょう．岩が黒い上に草が茂っており，綺麗な感じはしませんでした．

　滝の手前には東屋があり，バーベキューができるようになっていました．また，「ふくいのおいしい水　滝水ひめ」の湧水の標示もありましたが，水は出ていませんでした．

2022年4月17日

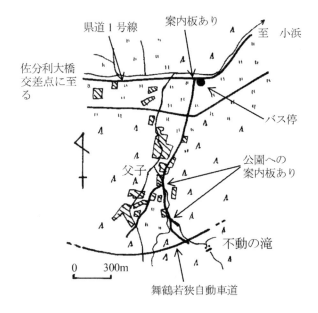

17. 龍王の滝（宇治田原町）

　宇治田原町にある龍王の滝です．滝へは国道307号線の田原小学校前交差点から入ります．小学校の北東の角を南へ曲がり，道なりに進みます．途中の府道62号線（南バイパス）を渡ると水田地帯に．ちょうど田植えの時期で農家の方たちが代掻きを行っていました．国道から2.0kmほど行くと滝の入口があります．入口は右写真のようなところです．ここにカブを置いて杉林の中を登っていきます．

交差点を南に曲がります

国道からの入口

天武天皇伝承とあります

滝への登り口

　手入れされた明るい林の中の緩い上り道を，時々せらぎの音を聞きながら10分も進むと赤い鳥居と常夜灯があります．鳥居をくぐりその先の急な段を上ると前方に滝とお社が見えます．到着です．ここまで林に入って12分でした．

　滝の高さは7mあまり．斜面の滝となって左に流れたあと向きを右に変え直下型となって落ちています．直径3mほどの浅い滝つぼがあります．かつては修行僧がいたのでしょうね．滝の上には竹の樋があり，水に打たれることができるようになっていますが，よく見ると樋の長

お社への道から見た龍王の滝

- 41 -

さが足りておらず，滝の途中に水は
落ちています．

　滝の上にあるお社は「滝王宮」と
いい，現地の案内掲示によると，そ
の歴史は大変古く，天武天皇の時代
からここに御鎮座になり，農業に必
要な水を支配されていたそうです．
日本三大龍王の一つ（？）だとか．
旱魃時には雨乞いの神事も行われて
いたのでしょうね．

　お社の南側で川は岩盤を線状に侵
食し小さい滝をつくっていますが，
枝が散乱して荒れていました．

2022 年 4 月 23 日

正面から見た龍王の滝

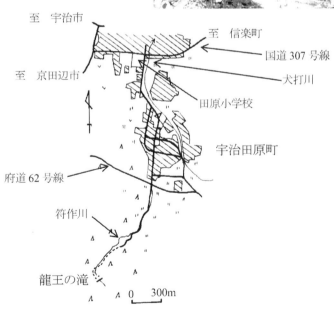

至　宇治市
至　信楽町
国道 307 号線
至　京田辺市
犬打川
田原小学校
宇治田原町
府道 62 号線
符作川
龍王の滝
0　　300m

18. 大滝（宇治田原町）

　宇治田原町の大滝は町の中央部（中心部ではありません）湯屋谷地区にあります．湯屋谷地区は日本緑茶の祖といわれる永谷宗円の生まれたところとして有名で，国道 307 号線には案内の標識が出ています．この案内にしたがって国道を右折し 700m ほど行くと「宗円交遊庵やんたん」があります．ここの二又に「右大滝 2km」の案内（字が小さいので近づかないと見えない）があるので道を右にとって 1.9km，集落を抜けて山に入って少し行くと大滝の駐車場に到着です．滝の登り口は右写真のようなところで，写真には写っていませんが向こうに滝は見えています．

国道からの入口　右に入ります　　　滝への登り口

カブを置き歩
道を上っていく
と緑色の橋があ
ります．橋の上
から見える大滝
は高さが 8m あ
まり．斜面の滝
となって 5m ほ
ど落ちた後，丸
いポットホール
をつくり，さら
に 3m ほど落ち
ています．右手

大滝主瀑全景　　右の階段を上った先に不動明王像がある

の階段を上ると行き当たりの岩の下に不
動明王像が安置されています．現地の案
内板によると，この不動尊は大滝不動尊
と呼ばれ，水難よけや無病息災とともに
雨乞いの不動尊として信仰されているそ
うです．また，この不動尊の使者はウナ
ギで，日照りの続いた年にウナギに酒を
飲ませて滝つぼに放ったところ，ウナギ
が滝を伝い天まで昇り，龍に姿を変え，
たちまち雲を呼び，雨を降らせたという
伝説があるそうです．

上段が見える

斜面上部に懸かる滝

不動尊から右上を見ると水が落ちてい
るのが見えました．そこで斜面を登って
みました．斜面は足場の悪い滑りやすい急斜面で，私は近道しようとし
て岩から 1m ほど転落して痛い目に遭いました．転落する前に上った岩
が不動尊の天井岩だったかもしれません．そのバチがあたったかも．

斜面上部には写真のように 6m ほどの直下型の滝が懸かっていました．
まだ上にも滝が見えます．でも足場が悪いところをわざわざ上まで行く
ものではありませんね．下りる時も滑ってズボンで 3m ほど斜面の掃除
をしてしまいました．写真に写っている滝の下流に石積みの小さな側壁
があるのは驚きました．

2022 年 4 月 23 日

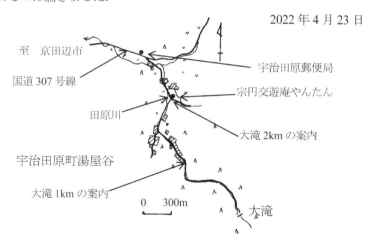

至　京田辺市

国道 307 号線

田原川

宇治田原町湯屋谷

大滝 1km の案内

宇治田原郵便局

宗円交遊庵やんたん

大滝 2km の案内

0　　300m

大滝

19. 音羽の滝（亀岡市）

　音羽の滝は亀岡市南東部の東本梅町赤熊地区にあります．国道372号線からの入口は左写真のようなところです．亀岡方面から来ると，宮川交差点の次の交差点，右側に東屋とベンチのある交差点を左折します．国道から市道に入り道なりに真っすぐ1kmほど行くと右写真の場所に出るので直進して杉林の中に入ります．写真の場所から100mほど行くと鹿

国道からの入口

滝への入口　直進します

よけのゲートがあるので，そこにカブを置いてゲート内の林道を歩いて登っていきました．林道は広く，杉林は明るく適度に苔むし，気持ちのいい道です．歩き始めて10分で林道終点へ．林道終点は写真のようなところで，山の神様がお祀りされたブロック積の祠がありました．ここから先の登山道は

山の神の祠
左に進みます
林道終点

度重なる台風の被害を受けて荒れているため，ピンクのテープを頼りに渓流沿いの踏み跡を登っていきます．左手には苔むした岩の間を清流が，時には小滝となり，また時には渕となりながら流れ落ちています．林道終点から35分，やっと音羽の滝に到着です．きつかった．

　滝の高さは12mあまりでしょうか．大きな流れで6mほど落ちて滝つぼをつくったあと，2条に分かれてほぼ直下に5mほど落ちています．滝つぼは深くないようです．この辺りの岩は縦に割れ目が入ったものが多

上段が見える

音羽の滝遠景　　　　　　　滝つぼから見た音羽の滝

く，水は割れ目に沿って流れているようでした．滝の向かって右側奥には大きな岩があり，その下は空洞があって岩屋となっていました．その岩屋の前に矢印の形をした板が立っていましたが，簡単に行けそうもないところになぜ矢印の板が立っているのか不思議でした．

　なお，この辺りは音羽渓谷と呼ばれているようで，「滝まで200m」と書かれた掲示より上には高さ5mほどの小滝が2カ所懸かっていました．

2022年4月28日

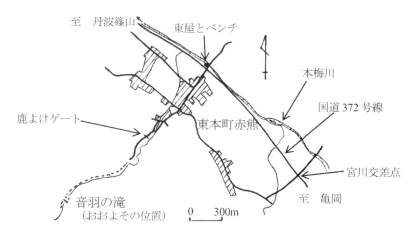

20. コゴンバの滝

　コゴンバの滝は旧朽木村小入谷（おにゅうだに）にあります．滝へは国道 367 号線を朽木村方向に行き，大津市葛川梅木町の前川橋で安曇川を渡って県道 781 号線に入ります．この県道は，比良山地を横切って久多川合町に至るまでの間は路面が悪く，カブは走りにくかったです．

　前川橋から県道をひたすら走ること 16.3km，朽木中牧で県道は直角に右に曲がりますが，ここは曲がらず直進して小入谷の集落に入ります．県道の分岐点から 1.2km，集落を抜けるとすぐに林道小入谷線の分岐点があります．ここで道を右にとり，林道に入ります．林道に入り小さな坂を下ると前方では路面を川の水が洗っています（「洗い越し」といいます）．このような場所が滝まで 3 カ所あります．ここが最下流なので，最も水量が多いですね．私はカブで突っ切りました．道を洗う水が多いのも困りものですが，逆にここの水が少なく楽に渡れるということは，滝の水も少ないということですので，それも困りものです．林道を 300m も行くと倒木で通行不能になっていました．四輪車は回せないので，林道入口から歩いた方がいいと思います．深い長靴は必須アイテムですね．

ここを下ります

右の林道に入ります

林道の上を横切る川

橋はないので徒渉します

　カブを林道脇に置き歩いて滝に向かいました．ところどころで道をふさいでいる倒木（ほとんどが杉）を乗り越え，路面を洗う川を駆け抜け（安全靴なのでダメージは少ない），林道を進むこと 28 分，林道終点に着きました．明るい広い谷で傾斜も緩く，歩きやすい林道でした．途中，路肩に食い込んでいる倒木もあったことから，それなりの期間今のような状態になっているのかもしれません．

林道終点　奥の丸木橋を渡ります　　　本流にある子滝

　林道終点は左上の写真のような何もないところで，奥の先に丸木橋があります．でも丸木橋は川中の岩までしか届いていません．そこから先は岩を飛んで右奥に進みます．とりあえず川を渡るとすぐにコゴンバの滝が見えます．滝は本流に注ぐ右側の支流に懸かっていて，左の本流には高さ2mほどの子滝が懸かっています．

　滝の高さは2段で12mあまり．2

コゴンバの滝　こちらは母滝

mほど直に落ちた後バウンドして10mほど直に落ちています．綺麗な滝です．予想外の美しさに嬉しくなりました．造瀑岩は厚さ8cmほどの薄

い層になった黒い岩で，石英ら
しき白い岩石を挟んでいます．
写真に見えるように，正面は右
上がりの地層ですが左側では右
落ちになっています．滝つぼよ
り少し上に不整合面があります．

直進します

この滝は漢字で書くと「子母
婆の滝」と書くようで，朽木村
史によると，水にまつわる「子

県道からの分岐点　3月はまだ雪の中

母嬭神」をお祀りしているそうです．地元の人によると，コゴンバ様は
女性の神様，また滝自体がご神体のため，かつては女の人は滝に来ては
いけなかったとか．なお，コゴンバ様の祠は滝の上部にあるそうです．

この滝への私の挑戦は今回が3度目．1回目は3月13日で，県道が直
角に曲がっているところは上の写真のような状況でした．この日は場所
を間違えました．3月末の2回目は雪で林道に入れませんでした．

2022年4月30日

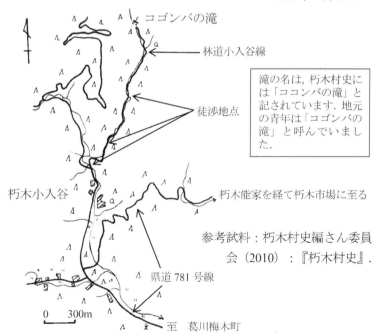

コゴンバの滝

林道小入谷線

徒渉地点

滝の名は，朽木村史に
は「ココンバの滝」と
記されています．地元
の青年は「コゴンバの
滝」と呼んでいまし
た．

朽木小入谷

朽木能家を経て朽木市場に至る

参考試料：朽木村史編さん委員
会（2010）：『朽木村史』．

県道781号線

0　　300m

至　葛川梅木町

- 49 -

21．滝谷大滝（津市）

　滝谷大滝は津市美里町の国道163号線沿いにあります．国道163号線の新長野トンネル東口から国道を700m下ったところの待避所が入口です．待避所の下手に作業道があるのでそれを上っていきます．

ここに作業道があります

入口はこんなところです

　作業道は50mも行くと終点に着きます．そこでその先の杉林に入り，林を抜けると眼前に滝谷大滝が見えます．歩き始めて滝まで5分でした．

　滝の高さは12mあまり．ゴツゴツの岩の上を数条に分かれて落下しています．水量は少なく，見栄えはあまりよくありませんね．水たまり程度の滝つぼがあります．ここは2つの沢の合流点でしょうか．それとも上流で流れが2つに分かれているのでしょうか．向かって左の藪の中にも滝が見えました．

2022年5月3日

この左にも滝が見えます

滝谷大滝

至　伊賀

新長野トンネル

滝谷大滝

美里町平木

国道163号線

0　　300m

長野川

至　津

22. 布引の滝（津市）

　ここで紹介するのは津市の布引の滝です．地形図にもその名は出ています．滝への行き方は2つ．国道165号線の垣内交差点から入って，発電所の上から登山道を歩く方法と，滝見台まで車で行ってそこから眺める方法です．どちらにしても国道には案内板はありませんでした．発電所から登る人は左写真の垣内交差点を左折します．滝見台へ行く人は，垣内交差点より800mほど津の方に進んだところにある，右写真の交差点を左折します．青山メモリアルパークの看板が目印です．

登山道へはここを曲がります

滝見台へはここを曲がります

垣内交差点　　　　　　　　　　　滝見台への入口

　私は滝見台から眺めるつもりだったので，右写真の交差点から入りました．右写真の交差点を左折して1.8kmほど行くと青山メモリアルパー

林道に入ります

滝見台はこの先にあります

林道入口　　　　　　　　　　　滝見台入口

クに着きます．そこで左写真の林道に入り，未舗装の林道を1.9kmほど行くと滝見台の入口がありました．滝見台は林道脇ではなく，右写真左

の小道を行ったすぐ先にありました．滝見台から滝を眺めると，手前の樹々と滝の周囲の樹々が滝を隠して見えません．仕方がないので滝まで下りてみることにしました．地形図を見ると滝見台から滝までは高低差100mあまり，200段のステップで下ります．「帰りに登るのはいやだなぁ」と思いながら下っていきました．段を下ると滝の最下部に出ました．

近畿地方の滝の名の特徴に，多段の滝をわざわざ各段ごとに名付けて呼ぶことがあります．ここもその例で，滝見台から見ると緑の中に一本の白い線が見えるので「布引の滝」と名付けられたのでしょうが，これをわざわざ段ごとに上から「霧生滝」，「飛竜滝」，「大日滝」と呼んでいます．どこが「霧生」で「飛竜」なのかは全く分かりません．

まあ，個々の名は置いておいて上から見ていくと，最上部は高さ12mあまり．幅4mほどの広い滝口から広がりながら急斜面の崖を飛沫をあげて落下しています．10×8mほどの深い渕があります．滝の正面に立つと，渕を越えて涼風がそよいできます．渕を出た水は少し流れ，2段目となっ

布引の滝最上段

て急斜面を14mほどすべり落ちます．その姿は下から見ると直に落ちて左に斜面の滝となっているように見えましたが，実際は岩を深く掘り込んで，手前の削り残した岩との間にポットホールを形成しており，その侵食力に驚かされます．ポットホールを出た水は右落ちの流れとなり，高さ7mほどの斜面の滝を形成し，少し流れて，2条に分かれて高さ5m

布引の滝 3 段目

布引の滝 2 段目　岩と岩の間を掘り
　　　　　　　込んでいます

ほどの直の滝となって布引の滝を終
わり，渓流を下っていきます。
　この布引の滝は，近づくと全景は
見渡せず，滝横の登山道を登るにつ
れて一つひとつ滝が現れてきます。
最上段の滝も綺麗でいい滝ですが，
木間に見た 2 段目も，樹々に遮られ
て写真にはなりませんが，力強く落

布引の滝最下部

ちて岩の間を侵食している姿は一見の価値があります。2 段目の滝下に
行けないのが残念です。

　　　　　　　　　2022 年 5 月 3 日（地図は 55 ページ）

23. 青葉滝（宇陀市室生下笠間）

　この青葉滝は宇陀市室生下笠間の青葉滝です．青葉滝は室生三本松にもあります．私は布引の滝の次にここに行ったので，国道165号線を西へ延々と走り，名張市の蔵持町原出交差点で右折して国道368号線に入り，少し走って八幡工業団地1の交差点で左折して，県道785号線と782号線を通って下笠間に来ました．遠かったです．下笠間の手前の毛原地区から川沿いにカブを走らせて下笠間に入ると，集落の手前で左に「青

県道からの入口　　　　　　　　滝への入口

葉滝」の案内が現れます．案内にしたがって左折し，谷間の水田を見下ろしながら1.5kmほど上ると滝の入口に到着です．入口にも案内があります．

　案内板の横にカブを置き，青葉神社の前を通って滝に向かいました．綺麗な杉林の中のコンクリート舗装された遊歩道を3分も歩くと滝に到着です．

　滝の高さは12mあまり．小ブロック化したゴツゴツの急斜面をザーザーと落ちています．直径1mほどの丸い滝つぼがあります．滝の上にも水田があるのでし

青葉滝

ょう，滝つぼの水は灰白色に濁っていました．農作業中のおじさんによると，「青葉」という名の由来は，滝のある地帯一帯が「青葉山」と呼ばれており，その地名が滝の名として付けられたということでした．

2022 年 5 月 3 日

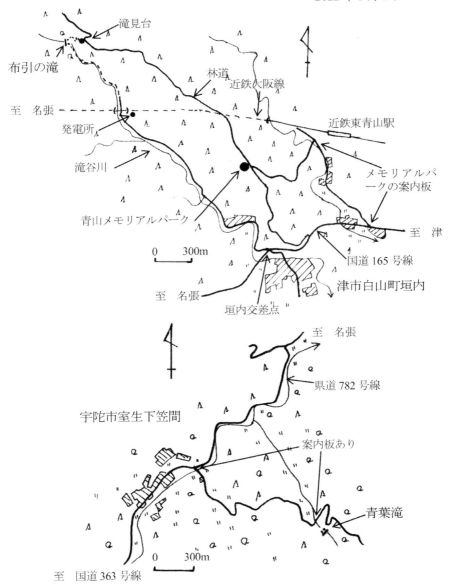

24. 倶利伽羅不動の滝 (丹波篠山市)

　倶利伽羅不動の滝は丹波篠山市北部を流れる杉ケ内川に懸かっています．場所は丹波市との境界，県道 69 号線の栗柄峠の北側です．県道の待避所北側の斜面からも見下ろすことができます．

　この滝のある栗柄地区にも丹波市氷上町水分（みわけ）と同様の谷中分水界があります．それが下の写真です．写真正面から流れてきた杉ケ谷川は，まっすぐこちらに流れて来ずに左に向きを変え，倶利伽羅不動の滝を経て由良川へと流れていきます．他方，写真右奥から流れてきた宮田川は右に向きを変え，加古川へと流れていきます．由良川と加古川の分水界がこの交差点付近の谷中にあるわけです．

栗柄の谷中分水界　　杉ケ谷川は左へ宮田川は右へ流れていきます

　それではどうしてこんな広い谷の中に分水界ができたのでしょう．私見ですが，現地の案内板に「この地形は約 2 万年前の河川争奪によって形成された」と紹介されていることから，もともと宮田川の広い谷が形成されていたところに，左側から杉ケ谷川（滝の尻川）の谷頭侵食が到達して写真奥の上流部を奪ったのではないかと思われます．

　写真の交差点を左折し，すぐ右折して細い道に入り 100m も行くと観音堂があります．その前の広場にカブを置き，滝に向かいました．動物よけの柵を開けて山に入り，舗装された道を 3 分も行くと左下に倶利伽

俱利伽羅不動の滝遠景　　　　　　　俱利伽羅不動の滝近景
　　　　　　　　　　　　　　　　　光っているのは木漏れ日

羅不動の滝が見えます.

　滝の高さは4mあまり. 平らな突き出した石の上から広くて深い渕に
落ちています. 向かって左のお社は不動尊のお社でしょう. 右側には石
像が3体お祀りされています. まん中の石像は憤怒の形相をしているこ
とから不動明王像, 両側にいるのは脇侍の矜羯羅童子（こんがらどうじ）
と制吒迦童子（せいたかどうじ）でしょう.

　滝への入口の案内板にはこの不動尊について次のような説明が記され
ていました.

　　現存の石佛不動尊は明暦二年（1656）建立された.

　　俱利迦羅明王ともいい, 栗柄の地名はこれにより出たといわれる.

　　昔, 福徳貴寺の祐盛法印（ゆうじょうほういん）が滝壺に住む竜
　女を成佛させたという. この竜が法印に謝し残したという鱗が今も
　福徳貴寺の寺宝となっている.

俗に「腹痛なおしの北向き不動尊」として多くの尊信をうけてい
る.

この文中の福徳貴寺は天台宗の寺院で，篠山の街から栗柄へ上ってく
る途中にあります．県道脇に案内が出ています．また，「北向き不動尊」
というのは，滝の向かって右に安置されている不動明王像が北を向いて
いるからでしょう．

この滝の下流は遷急点の小渓谷となっていますが，荒れた感じで綺麗
ではありませんでした．また上流に水田等があるため，渕の水は濁って
いました．かつては修験の場となっていたそうで，そのため滝口に平ら
な石を突き出して置いているのかとも思いましたが，滝に打れるには
渕が深すぎるのではないかとも思いました．修験者で栄えた当時はもっ
と浅かったのでしょうか．

入口から滝に至る杉林は淡い陽がこぼれ，いい雰囲気を出しています.

2022 年 5 月 19 日

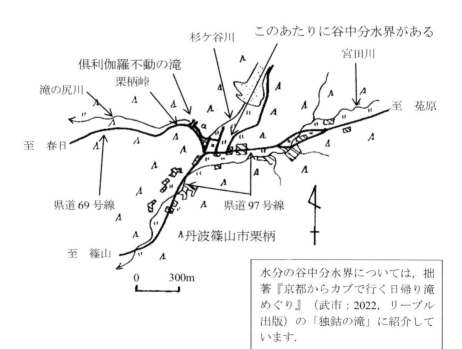

水分の谷中分水界については，拙
著『京都からカブで行く日帰り滝
めぐり』（武市：2022，リーブル
出版）の「独鈷の滝」に紹介して
います.

25. 白龍の滝（雄滝・雌滝）

　白龍の滝は丹波市春日町多利地区の日ケ奥（ひがおく）渓谷にあります．県道 59 号線からの入口（南から望む）は左写真のようなところです．「日ケ奥キャンプ場 2km」の案内があります．案内にしたがって右折し，道なりに行くこと 2.0km，キャンプ場の駐車場奥に滝への入口があります．なお，入口にはキャンプ場とこの近辺の地質や動植物を紹介した案内板がいくつかありました．

南から見た県道からの入口　　　　　　　　滝への入口

　駐車場奥の階段（横に滑り台がある）を下り，川沿いの渓谷を 8 分も登ると雌滝に着きます．滝までの遊歩道はコンクリート舗装されており，川を渡るところには立派な吊り橋が架けられています．途中幅 1m もない岩の間を抜けるところもありました．「へそ擦り岩」ですね．

　雌滝は大きく分けると 3 段からなる滝で，遊歩道は最下部の手前で終っています．上 2 段へは岩を飛んで川を渡り，滑る岩の上を横切って滝の下に出，鎖に摑まって岩を登ります．下から見るのとは違う雰囲気の滝を見ることができるので行ってみてください．なお，滑りやすいので注意してください．

　2 段目の渕から滝を見ると，水は滝口の大きな岩の向こうから斜面を下り，高さ 3m ほどの 2 段の滝（上段）となり，見えないので分かりませんがおそらく渕をつくって，そこから急斜面の滝（中段）となり，なめらかな斜面を 5m ほど落ちて眼前の大きな渕に入っています．その後水は渕の右岸側から溢れて比較的緩い斜面を 6m ほど下って（下段）下流へと流れていきます．上 2 段は両側の岩が迫り，幅数 m の狭い峡谷と

なっています.

　雌滝を出て急な階段を5分も上ると上
の林道に出ます．出たところには山の神
様をお祀りした祠があります．ここから
雄滝までは200m，林道を3分も上ったと
ころから左に下ると到着です．降り口に
は案内板があります.

　雄滝は高さ9mあまり．垂直に岩を掘
り下げた広い滝口から小さく1mほど落
ちたあと，幅4〜6mほどの凸凹のほとん
どない岩の上をすべり落ちています．造
瀑岩は硬いチャート（かつて地すべり調
査をしていた時チャートはよく見ました
が，赤褐色なのが特徴）のため，円形に
掘り込むことができず平面の流れとなっ
ているのでしょう．5×8mほどの浅い滝
つぼがあります．見た感じ雄滝というに
は少し弱いかもしれませんね．なお，山
道は滝の手前で終わっているため，滝の
正面に出るには右手の藪近くの岩を乗り
越えないといけませんでした.

　この滝が「白龍」と呼ばれる由来につ
いて，現地の案内板に次のような説明が
ありました.

　妙高山のふもとに神池寺というお寺
があります．その昔，夕方に鐘をつき
に行った小坊主さんが次々と大蛇にの
みこまれてしまうという事件が起きま
した．大蛇をこらしめてやろうと，小
坊主そっくりの猛毒入りの人形を置い

雌滝下段

雌滝上段と中段

たところ，まんまと大蛇はこれを
飲んでしまいました．

　大蛇は高い石段をはい下り，中
腹の池に飛び込みのたうち回りま
した．そのあと，日ケ奥の雌滝の
滝つぼに入ってきれいな水を腹い
っぱい飲み，猛毒をすっかり吐き
出しました．

　するとこの大蛇は「白龍」と化
して，妙高山へはい登り，天にで
ものぼったのか，姿が見えなくな
ってしまいました．

　それから，神池寺の池の水は茶
黒色ににごり「すまずの池」，日
ケ奥の滝は「白龍の滝」と呼ぶよ
うになったということです．

2022 年 5 月 19 日

雄滝

国道 175 号線
至　福知山
県道 59 号線
多利川
至　福知山
竹田川
雌滝
雄滝
丹波市春日町多利
舞鶴若狭自動車道
日ケ奥キャンプ場
日ケ奥キャンプ場の案内板あり
至　篠山
0　　300m

26. 大滝（五條市）

　五條市，合併して広くなっていますね．大滝は広くなった五條市の市域の中央付近，西吉野立川渡地区，宗川右支の永谷川に懸かっています．滝へは国道168号線から県道49号線を経て林道を上ってもいいのですが，私は国道の西野トンネル南口から林道を下っていきました．

　西野トンネル南口から林道を1.7km．急な坂道を下っていると前方に不動明王の旗が見えました．「何？」と思うと手前の橋の上流に突然滝が現れました．

下手から見た大滝　　クマバチが飛んでいたので要注意

　滝の高さは見える範囲で20mあまり．5mほど落ちて3mほど斜面の流れとなり，橋の正面で12mほど落ちています．ここで流れは川のまん中の岩で2つに分かれ，右の流れは緩傾斜から急傾斜の滝となり落水は飛び散って虹がかかり，左は緩傾斜の流れがイス型に河床を侵食して水が飛び出すように落ちています．林道は滝の中程を通っているため，橋の下にも5mほどの滝が懸かっています．広い谷に懸かっており，水量も多く力強い滝です，第一印象は「なかなかすごい滝だ」ですが，実をい

うと私はこの渓流型のタイプはあまり好きではなく，どちらかというとまとまりのない流れは渓流の一部のようにも思えます（そのため屏風ガ滝の渓流瀑もどう表現すればいいか分かりませんでした）．

ここに最上部が見える

林道の橋から見た大滝

不動明王の祠入口の由来記によると，この滝は，古来，清めの滝として，地域住民や旧熊野街道を往来した人々の信仰の場で，白龍大権現（滝の主は白蛇；場所は遠く離れていますが，25 も白龍ですね）が祀られていると記されています．

不動明王は仏の使命を受け，怒りの姿で悪魔をくじき，また，権現とは仏や菩薩があらゆる生物を救済するため姿を変えて権（かり）にこの世に現れるという意味とも記されています．

トンネル南口から林道を 200m ほど下った林道下には高さ 10m ほどの永谷の滝が懸かっています．水が一束となったきれいな斜面の滝ですが，樹々に遮られて写真にはなりませんでした．実際行ってみてください．なお，林道脇にはクマ捕獲用の籠もあったので要注意．

2022 年 5 月 29 日

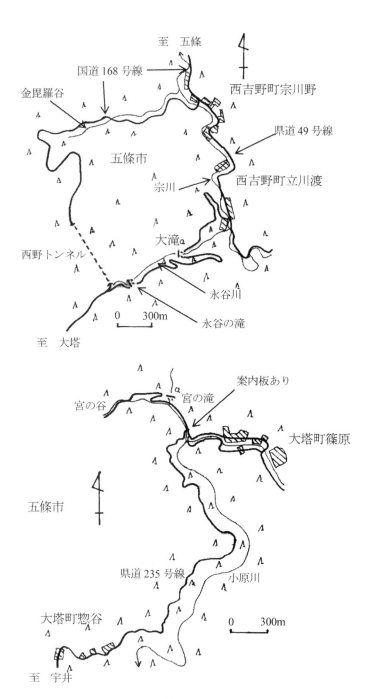

至 五條

国道 168 号線

金毘羅谷

西吉野町宗川野

五條市

県道 49 号線

宗川

西吉野町立川渡

大滝

西野トンネル

永谷川

0　300m

永谷の滝

至　大塔

宮の谷

案内板あり

宮の滝

大塔町篠原

五條市

県道 235 号線

小原川

大塔町惣谷

0　300m

至　宇井

27. 宮の滝

　宮の滝は五條市の最南端，旧大塔村篠原地区にあります．

こちらに入ります

国道からの入口

ここに案内板あり

県道からの入口　　左折します

　滝へは国道 168 号線の旧大塔村宇井のふれあいトンネル南口から県道 235 号線を進みます．この県道は急斜面を削って造られた道路で，道幅が狭い上に曲がりくねっていて運転は要注意．本当にこの先に集落があるのかと心配になる道を延々と行き，やっと現れた惣谷の集落を過ぎて緩く下っていくと，滝との分岐点である宮谷橋に到着です．ここまで国道から12.3kmでした．ここに滝への案内があり，滝まで150mと記されています．案内にしたがって林道に入り250m行ったところにある橋の右手奥に宮の滝は懸かっています．

宮の滝 3 段目

木間を落ちる宮の滝全景　　綺麗な滝です

　滝の高さは27mあまり．急傾斜の滝となり5mほど落ちたあと，勢い
よく飛び出て宙に舞って8mほど落ち，急傾斜からオーバーハングして
14mほど落ちています．綺麗な滝です．周囲は広葉樹の林で，滝の前面
には紅葉が2本．秋の紅葉はみごとでしょう．左の岩が巻くようにせり
出していることから，かつてはもう一段あったのかもしれません．遠い
ところを行ってみる価値のある滝です．

2022年5月29日

28. 不動の滝（天川村）

　ここで紹介するのは五條市大塔町阪本から県道53号線を5.1km天川村方向に行ったところの対岸に懸かる不動の滝です．

不動の滝全景

　滝の高さは20mあまり．広葉樹の間を白い一条の流れとなり，小さく段をつくりながら天ノ川に直接落ちています．綺麗な滝です．県道脇の案内には「弘法大師伝承　大峯高野街道すずかけの道」と記されています．何のことかと天川村のホームページを見ると，滝の名の由来として，「この谷を遡ると岩穴の中に弘法大師が彫ったと伝わる仏像の形をした自然石があり，地元の人たちが「お不動さん」と呼んでいた」ことが紹介されています．わざわざ「自然石」とことわっていることから，弘法大師の作ではないのでしょう．「すずかけの道」とは高野山から大峯へお参りする人が立ち寄って参拝していたことに由来するのでしょう．

　なお，滝正面の河床へは，カーブ手前のダム放流による増水注意の看板とその左にあるガードレールの間から，小さな木製の階段を降り，小道を下って行くことができます．

2022年5月29日

　参考資料：https://www.vill.tenkawa.nara.jp//tourism/spot/5154/

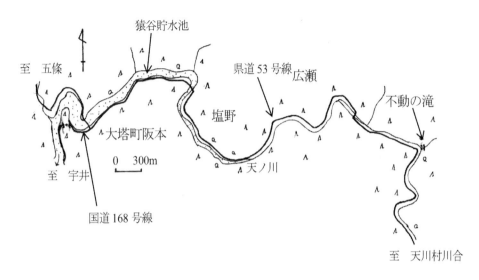

至　五條

猿谷貯水池

県道53号線

広瀬

不動の滝

塩野

大塔町阪本

0　300m

天ノ川

至　宇井

国道168号線

至　天川村川合

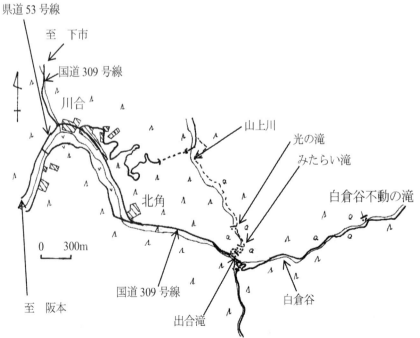

県道53号線

至　下市

国道309号線

川合

山上川

光の滝

みたらい滝

白倉谷不動の滝

北角

0　300m

国道309号線

白倉谷

至　阪本

出合滝

29. みたらい渓谷

みたらい（漢字では御手洗または御盥）渓谷は天川村にある渓谷です．
ここには出合滝，みたらい滝，光の滝の 3 つの滝があります．渓谷入口

カブ　　この下に出合滝

ここから入ります

渓谷入口

渓谷の様子　向こうの橋を渡って来ました

は左写真のようなところです．
　左写真に写っている橋の上からは
出合滝が見えます．滝の高さは 10m
ほどでしょうか．滑らかな岩の上を
斜面の滝となり広くて深く，澄んだ
淵に落ちています．この渓谷の特徴
は白みがかった平らな岩盤と巨岩で
すね．谷は深く切り立ち，巡る遊歩
道は橋と階段が連続しています．こ
こでは滝はすべて遊歩道から見下ろ
す形となります．
　遊歩道に入るとまず 88 段の急な
階段で右写真の谷を渡る橋の高さま
で上がります．橋の上からはみたら
いの滝が見えます．次ページの写真
はもう少し先にある吊り橋の上から

出合滝

撮りました．みたらいの滝の高さは 15m あまりでしょうか．2 段から成り広い谷の中の垂直に切り立った岩の上から 10m あまり直に落ちたあと，急斜面を 5m ほど落ちています．岩の上には休憩中の人たちが見えます．

この下にもう 1 段あり

吊り橋から見たみたらい滝 　　　　　　　　光の滝

　みたらいの滝を過ぎ，遊歩道を登っていきます．最後の 90 段近いキツイ登りをクリアすると光の滝が見えます．光の滝の高さは 16m あまりでしょうか．一束の流れとなって急斜面をすべり落ちたあと，途中の岩に当たって飛び散り，広くて深い渕に落ちています．この滝の上も広い平らな岩盤で，腰を下ろして休憩する人たちがいました。なお，登り口の案内板のよると，この滝で第 98 代長慶天皇がご崩御されたという言い伝えもあるそうです．

　前ページの写真にもあるように，渓谷は広葉樹に包まれており，紅葉の頃は美しいことでしょう．

2022 年 5 月 29 日

30. 白倉谷不動の滝（天川村）

　白倉谷不動の滝は，みたらい渓谷入口から150mほど南の白倉谷の奥に懸かっています．国道から林道に入り白倉谷を1.5km遡ったところの対岸です．案内はありません．樹々の葉に遮られて林道からはよく見えないので，林道に入って1.5kmほど行ったら対岸をよく注意してください．林道のカーブ地点の対岸の樹々の間に岩が露出しているのが見えたら到着です．私は滝口の飛沫が見えたので滝が分かりました．

　滝の下へは，林道のカーブ地点から50mほど進んだところから川に降り，カーブ地点まで戻って渡河します．具合よく飛んで渡れる石が並んでいました．

白倉谷不動の滝

　滝の高さは20mほどでしょうか．薄くはがれそうな流れ盤の岩の上を，小さく段をつくりながら薄く広がってすべり落ちています．高くて樹々に囲まれた綺麗な滝です．惜しむらくはもう少し水量があればいいのですが．

2022年5月29日

31. 弘法の滝

弘法の滝は福井県若狭町上黒田の山中に懸かっています．滝へは舞鶴若狭自動車道の上中インターチェンジ東側の高架をくぐり，北側の側道に入って西進するか，もう一つ北側の町道を西進します．町道の入口は写真のようなところで，滝の絵が出ています．ここで左折し町道を1km行って高速道の

ここに滝の絵あり

県道からの入口

下をくぐると右手に獣よけのゲートがあります．ゲートの中に入り，450mほど行くと滝に到着です．

滝の高さは6mあまり．ほぼ直下型の小さな滝です．滝へ上る手前の広場の案内板には「高い落差」と記されていたので，私は地元の人に本当にこの滝なのか確認しました．滝の水は長寿の名水といわれるようです（落水は濁っていました）．

「弘法」という

弘法の滝

名の由来は，約 1200 年前に弘法大師がここを訪れたことに由来するそうです.

2022 年 6 月 25 日

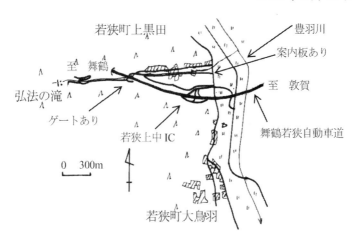

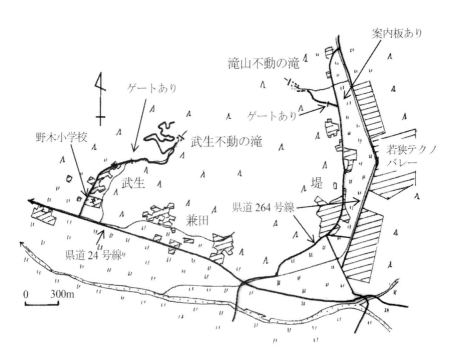

32. 滝山不動の滝（若狭町堤）

滝山不動の滝は若狭町堤地区にあります．堤地区の集落南端で県道246号線から分かれ，集落内を通って1.25kmほど北上します．左手に養鶏場を見るとその先に入口があります．入口には案内板がありますが，文字が消えて読めません．かすかに不動の滝と書いてあったことだけが分かります．

ここに滝の紹介あるも消えて読めない

滝への入口　左折します

ここで左折するとすぐに獣よけの柵があるのでゲートを開けて中に入ります．ゲートから300mも行くとアスファルト舗装は終わります．なお，林の中に入ると道は狭くなるし，路面には枯れ枝が散乱しているし，何より車を回す場所がないので，車はゲートの手前に置いてきた方が無難です．

舗装の終点付近にカブを置き，山道を登ること8分あまり，途中の赤い鉄製の板を渡り，踏み跡と化した道を登ると滝に到着です．滝は2つの沢の合流点の上に懸かっています．左の沢の滝が高いので雄滝でしょうか．高さは12mほどあります．右の沢の滝は雌滝でしょうか．斜面の滝で高さは8mほどです．雌滝は梅雨期なのに水がほぼないので写真は示しませんでした．沢は荒れて，枝や腐った幹が散乱しており，あまり綺麗な場所ではありませんでした．

2022年6月25日

滝山不動の滝（雄滝）

33. 武生不動の滝（若狭町武生）

次は武生（むしゅう）不動の
滝です．滝へは県道 24 号線の
野木小学校前交差点を北折しま
す．交差点から 600m ほど行く
と獣よけの柵があるので，ゲー
トを抜けて中に入ります．ゲー
トから 200m も行くと金釼神社
があり，ここで右折して川を渡
ります．川を渡ると未舗装の林

ここから歩きます

道です．林道を 300m も行くと写真のように前方に倒木があり，前進は
強制終了されました（通行止めで置いてある可能性あり）．ここで林道
は川を渡って左に上っていきますが，滝へは渡って右の道を行きます．

この上に祠あり　　　金属製の樋

石段を上れば滝ですが倒木が行く手を阻んでいます

歩き始めて 5 分も行くと前方が開け，川を渡って石段が上方に続いて
いるのが見えます．石段の先には手すりの柵が見え，川の上には樋が突

き出ています．でも石段の上は倒木が道を塞いでいます．いったいいつから人が来ていないのでしょう．滝は手すりの上の広場の左奥に懸かっています．

　滝の高さは9mあまり．斜面の滝となって右に落ちたあと，正面方向に直下型の滝となって落ちています．梅雨期というのに水が少なく絵になってませんね．造瀑岩は滑らかな一枚岩で，増水時には綺麗な滝となっていることでしょう．前ページの写真左端に写っている段の左には小さな祠があります．また樋は溶接された金属製のものですので，かつては水に打たれる修行のようなことをしていたのでしょうね．

2022年6月25日

武生不動の滝

34. 大谷不動の滝（小浜市大谷）

続いて大谷不動の滝へ向かいました．県道24号線を西進し上野木交差点で北折して県道219号線へ．219号線を2.5kmほど行くと右手に青色の小さな滝の案内板がありました．これにしたがって県道に別れをつげ，市道へ．ここを含め3カ所の分岐点には案内板があります．県道か

滝への入口

ら1.7kmほど行った舞鶴若狭自動車道の下を過ぎたところで獣よけの柵に行き当たりました．そこでこの日4回目のゲートを抜け，未舗装の道を350mほど行くと写真のような広場に出ました．ここにカブを置き，歩いて滝を目指しました．樹齢1000年はあろうかというご神木の杉の大木を過ぎ，その先の69段の階段を上ると滝の下段があります．

下段の高さは8mあまり．大きな1枚岩の上を2条に分かれて滑り落ちていますが，水が少なくて分かりませんね．滝の上に見えるのが不動尊で，ここから右に巻いて38段の階段で上っていきます．階段の山側には石仏が並んでいます．こんな立派な不動尊が獣よけの柵の内側にあるのは可哀そうな気がします．

上段の滝は高さが10mあまり．不動尊の右奥の岩の上を

大谷不動の滝（下段）
水は少なく見えません

薄い流れとなってすべり落ちています．周囲は広葉樹の林で，滝の水音だけが聞こえます．

　皆さんは杉田玄白をご存じでしょう．中学校の社会科の教科書にも出てきました．前野良沢らと一緒に解体新書を著した人です．現地の案内板によると，小さい頃の玄白は病弱で，父親が平癒を祈願したこの不動明王の水で養生したそうです．実際

大谷不動の滝（上段）

に効果があったかどうかは別として，由緒ある水なのでしょうね．

　この日の不動の滝シリーズはこれでやっと終わりました．

2022 年 6 月 25 日

35. 須縄大滝（小浜市）

　須縄（すのう）大滝は小浜市須縄地区の山中に懸かっています．滝へは，小浜市街地から行くと国道162号線の「すのうはし」の手前を左折します．案内板は写真のような立派ものがあるのですが，京都側から（北上）は見えるものの小浜市側から（南下）は見えません．国道から市道に入り1.3km行くと道の左に案内板があります．ここで林道に入り1.2kmほど行くと滝への登り口です．なお道は途中から未舗装になります．

京都方面から来ると案内があります

滝への登り口

　登り口の案内には滝まで500mとありますが，5分の登りで着いたのでもっと短いでしょう．道は広い道ですが，倒木はあるし，滝が見えだすと道はなくなります．滝は2段で，上段と下段の間に渓流の部分があります．

　上段は高さ15mあまり．水は小さくはねながらザーザーと落ちています．岩肌を直に掘り込んで流れをつくっているのが分かります．下段は高さ6mあまりで，斜面を2条に掘り込んですべり落ちています．上段から下段の間はどうなっているのか分かりません．そこでよせばいいのに上段の下まで登ってみることにしました．斜面は急で足場はほとんどなく落ち葉に覆われて滑りやすくなっています．それでも何とか上段の下に着いたのですが，そこで帰れなくなり，50年近くにわたる滝めぐり中最大の危機を迎えました．「しまった，登るんじゃなかった」と思いましたが後の祭り．誰もいない山中で滑落したら腐るまで発見されないかもしれません．四つん這いになり，木の根や岩に摑まって斜面を登り，

須縄大滝全景　　　　　　　　　須縄大滝上段

何とか生還（大袈裟かな）できました．ということで，右の上段の写真
は貴重な写真？です．

2022 年 6 月 25 日

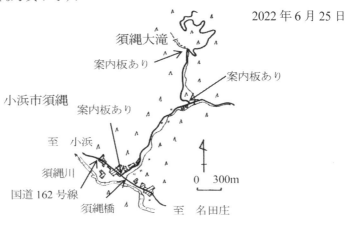

36. 不動の滝（生野町小野）

　この不動の滝は朝来市生野町の史跡生野銀山の金香瀬坑口（観光坑道入口）の向かって右側を流れる大谷川に懸かっている滝です．したがって，滝を見るには生野銀山への入場料900円（大人）が必要です．

不動の滝全景

　滝の高さは10mあまり．灰白色で急傾斜の1枚岩の上を小さく3段となって滑り落ちています．滝口は広く，滝つぼは浅くて広い池となっています．滝つぼの下流側には観光坑道の出口があり，朱塗りの橋が架かっています．滝の向かって右手の崖にも水が流れた跡があり，降雨後には高さ20m以上の高い滝が現れます．観光パンフレットにはこの滝が写っていますので，現地に行って水が落ちてなかったらパンフレットで見てください．不動の名の由来はわかりませんでしたが，坑内に地下水が落ちる滝があり，その傍らに作業の安全を願って不動様がお祀りされていたそうですので，それに関係しているのかもしれません．

　観光パンフレットの記事をまとめると，生野銀山は大同2（807）年に発見されたと伝えられる銀山で，室町時代末期の天文11（1542）年に本格的な採掘が始まったそうです．その後，この銀山は織豊政権を支え，江戸時代には代官所が置かれて最盛期を迎えました．明治時代になると

生野銀山は政府直轄鉱山となり，外国から技師を招いて近代的な採掘が始まります．さらに明治29（1896）年に三菱合資会社に払い下げられ，昭和48（1973）年まで採掘が行われました．その間掘り進められた坑道の延長は350km以上，深さは880mもあるそうです．現在そのごく一部が観

出口の橋と不動の滝

光坑道として公開されています．一度行ってみてください．

2022年8月14日

観光坑道入口と不動の滝

参考資料：史跡 生野銀山（観光パンフレット）

37. 不動の滝（生野町真弓）

　この不動の滝は生野町真弓の宮ノ谷に懸かっている不動の滝です．滝へは国道312号線を北上して市川を渡る手前，国道が左にカーブするところで生野高等学校の案内の手前を左折し，もう一度左折して国道をくぐり，年越神社の南側を宮ノ谷に沿って上っていきます．国道からの入口は写真のようなところです．

国道からの入口　左から来て左折

中段への降り口

　宮ノ谷に沿って上っていくと400mで不動尊への分岐点があります．不動尊への参道は川に沿って上っていますが，今回は時間がなかったので，左側の急傾斜の舗装された道を進みました．途中ローギアでしか登れないような急坂を数カ所過ぎると，分岐点から600mで滝への降り口がありました．ここにカブを置き山道を下るとすぐに滝見台に出ました．

　滝の高さは12mあまり．小さく3段になりながら一枚岩の急斜面を滑るように落ちています．8×5mほどの滝つぼがあります．驚いたことに，狭いながらもこの滝つぼには魚が泳いでいました．

不動の滝中段

ここで見える不動の滝は3段あるうちの中段で，下段へは右岸を下っていきます．道は踏み跡化していて，あまり人が通っていないようでした．降りる途中に木間から見た下段は末広がりの斜面の滝のようでした．時間の都合上，途中まで下って，あきらめて上段に向かいました．

　中段から3分も登ると上段に到着です．鉄製の橋を渡ると右手に不動尊があり，橋の左手には上段が懸かっています．滝の右手には「不動滝」の表示があります．上段の高さは4mあまり，広葉樹の枝の奥，岩間を

| 横から見た中段 | 不動の滝上段 |

掘り込んで3段になって落ちています．滝の表示の右手には不動様でしょうか，お祀りをしているところがありました．

　橋を戻ってコンクリート舗装の石段を登ると車道に戻ることができます．車道には不動尊の案内が出ています．

2022年10月16日

参考資料：滝ペディア～日本の滝をめぐる～ (takipedia.com)

38. 白綾の滝

　白綾の滝は生野町白口の白口渓谷に懸かっている滝です．滝へは生野の市街地で国道429号線に入り，新町の手前の下箒橋（橋の欄干には「つづらはし」とありました）を渡って県道367号線を進みます．下箒橋を渡って3kmも行くと右に橋があるのでこれを渡って林道（？）に入りま

こちらに行きます

県道からの入口　右折します

こちらに行きます

途中の分岐　右に入ります

す．左手に墓地があるところです．橋の向こう側には「熊に注意」の看板が，振り返ると「マムシに注意」の看板がありました．林道（？）を500mも行くと分岐点があるので橋を渡らず右手に進みます．右手に入ると100mで終点．広い駐車スペースがあります．ここにカブを置き，クマ鈴と笛とクマスプレーを持って山道を滝へと向かいました．

滝への入口

　歩き始めて2分，分岐を右へ登ると滝に到着です．滝の高さは22mあまり．大きく2段に分かれ，上段はさらに2段に分かれています．茶褐色の薄い層状の岩盤の上をザアザアとすべり落ちています．「白綾」という名は落水が綾の模様に見えるから名付けられたのでしょうか．きれいな滝です．滝の手前には広い東屋がありました．

　滝には滝つぼはなく，浅い岩盤の水たまりがあります．この岩盤が下

流へも続いていて，滑らかで綺麗
な渓谷となっています．
　なお，県道からの分岐点付近の
県道下には乙女の滝がありますが，
帰りに寄るつもりですっかり忘れ
てしまいました．県道脇に駐車場
の案内がありました．
　　　　　　　2022 年 10 月 16 日

参考資料：
滝ペディア～日本の滝をめ
　ぐる～ (takipedia.com)

白綾の滝

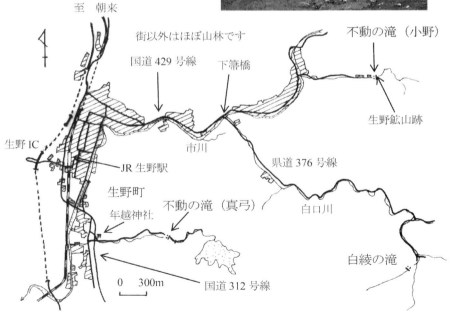

39. 石澄滝

　石澄滝は池田市畑地区，池田市と箕面市の境界部になっている石澄川に懸かっています．滝へは府道9号線の池田市畑5丁目の東畑交差点を

滝への入口のゲート

ここから山道　先客がいました

北進します．団地に入り，急坂を上って400mも行くとゲートがあります．ゲート左側の歩道の部分を抜け，50mも上がると山道の入口です．この日は先客がいました．なお，駐車場はありません．

　入口にカブを置き，広い山道を登っていきます．途中丸木橋がありますが危なそうなので河原へ迂回し，山道に戻り先に進むと左手に廃屋があります．ここまで8分でした．廃屋を過ぎると川を渡ります．渡る地点の上流には4段で落ちる滝が懸かっていました．川を渡りロープを握って斜面を上がると道が消えました．「え！どうしよう」と思いましたが，川沿いに道らしきものがあったので行ってみました．帰りに試してみましたが，ロープのところからまっすぐ斜面を登って反対側に出ても

石澄滝遠景

行くことができます．尾根を回る
とまた道が現れ，川を渡ります．
さらに進んでもう一度川を渡ると
奥に石澄滝が見えてきます．ここ
まで出発して20分でした．この
先はロープを頼って岩場を進み，
3分で滝の下に着きました．

　滝の高さは18mあまり．一度小
さく宙に舞った水は薄い層が重な
った岩の上をザアザアと落ちた後，
一度はっきりした段をつくり，ブ
ロック化した岩の上を9mほど滑
り落ちています．きれいな滝です．
周囲は広葉樹が多く雰囲気はいい
です．長さ4mほどの浅い滝つぼ
があります．

　帰りは初老のハイカーと中年の
夫婦に会いました．結構人が来て
いるなと思いました．

2022年10月30日

石澄滝

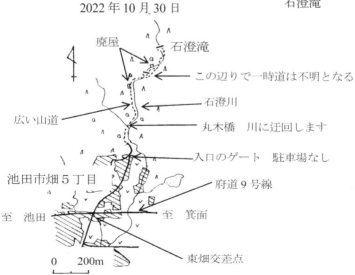

廃屋
石澄滝
この辺りで一時道は不明となる
広い山道
石澄川
丸木橋　川に迂回します
入口のゲート　駐車場なし
府道9号線
池田市畑5丁目
至　池田
至　箕面
東畑交差点
0　　200m

40. 不動の滝（猪名川町）

　この不動の滝は猪名川町鎌倉の関西電力猪名川変電所北側奥の猪名川不動尊境内にあります．川西方面から行くと，県道 12 号線の杉生交差点を右折し，1.5km 行った分岐点を変電所の方へ進みます．分岐点は写真のようなところで，「猪名川不動尊」の案内が出ています．

　分岐点を左へ入り，変電所の周囲を回って山に入り 1.7km 行くと不動尊に到着です．道は変電所の周囲を除きほぼコンクリート舗装されていますが，路面は悪く，かつ，急勾配のところが多いです．

　不動尊手前の建物の裏に回る（ここまでカブで来れました）と，荒れた川の上流に滝が見え

こちらに行きます

滝への入口　左へ行きます

ます．小さな土石流が走ったのでしょう，川はとても荒れています．荒れた川の踏み跡をたどって滝の正面に出ました．

　滝の高さは 6m あまり．広い谷を遮る急斜面の岩盤の上を小さな段をつくりながら落ちています．川を上り詰めると岩につぶされかけた祠の中に菩薩様が，滝の右手の社には不動明王がお祀りされています．ここは修験の場のようで，護摩道場もありました．

　現地の案内板によると，この地が「鎌倉」といわれるのは，鎌倉時代中期，5 代執権北条時頼が民情を案じ修行僧となって諸国を周遊し，その途中この地にしばらく住んでいたことに由来するとか．また案内板には，この地が何度か水害に遭い，その都度村人によって再建されたとも記されています．「うっそうとした緑の中に白い滝のしぶきが美しく，全く仙境に入る感がいたします」とあります．土石流で埋まる前は綺麗なところだったのでしょう．今はただ荒れており，荘厳な感じは失われていました．

2022 年 10 月 30 日

不動の滝遠景　右は不動尊　　　　　　正面から見た不動の滝

至　丹波篠山

不動の滝

コンクリート舗装
するも道悪し

県道 12 号線

猪名川変電所

杉生交差点

猪名川町鎌倉

至　能勢町来栖

県道 602 号線

0　　300m

至　猪名川町役場

41. 十戸滝

　十戸（じゅうご）滝は豊岡市日高町十戸地区を流れる稲葉川に懸かっています．ここから上流の八反滝にかけての地域は，約25,000年前に噴火した神鍋山の溶岩が流れた地域で，溶岩流を横切る稲葉川は平地の中をいくつかの小滝と渕をつくりながら流れています．この十戸滝はこの小渓の最下部に位置しています．

　国道312号線日高町江原の祢布（にょう：Nyou）交差点から国道482号線に入り5.9kmほど行くと左側が林で右側が墓地の坂に差しかかります．十戸滝はこの坂の左下に懸かっています．

　坂の上の広場にカブをとめ，歩道を下ってくると眼下に滝が見えます．滝の正

ここから滝が見えます

十戸滝付近

国道から見た十戸滝

面へは歩道を少し下ったところにある消雪装置制御盤のところから，階段を降りていくことができます．

十戸滝　大きな渕が特徴

　滝の高さは6mあまり，滝口から勢いよく飛び出た水は直径30m以上はあろうかという大きな渕に落ちています．直下型の力強い滝です．滝の部分を含め滝右岸の造瀑岩はオーバーハングし，できた岩屋の前には何基もの石灯籠が並び，岩屋の奥には不動明王でしょうか，石像がお祀りされています．徳島県の雨乞の滝にもこのような立派な岩屋があり，干ばつ時に雨乞いの儀式を行っていたということでしたが，ここでもそんなことがあったのかな？と思いました．

　滝の上流には小さな雌滝が懸かっており．その上の鉄製の橋を渡ると対岸に行くことができますが，老朽化しているのか通行止めでした．

　清滝地区コミュニティセンター発行の散策マップによると，この滝つぼには神鍋山系の地下水が湧き出ており，ニジマス釣りの場となっているそうです．

2022年11月6日

　参考資料：清滝溶岩流散策マップ．清滝地区コミュニティセンター

42. 二段滝

二段滝は十戸滝から国道482号線を西へ2.4km行った清滝郵便局の西側から入ります。入口には大きな案内板があります。滝はここから400m。川を2つ渡り，案内板にしたがって右折した先にあります。

国道から二段滝への入口

滝の高さは2段で6mあまり，溶岩流の名残りでしょうね，2段目は雛壇のような真っ平らな岩の上から落ちています。周囲は広葉樹に覆われ，色づいた木々の下を落ちる綺麗な滝です。

二段滝　平らな段が特徴

滝の下流には兵庫県特別天然記念物の溶岩瘤があります。

2022年11月6日

43. 八反滝（豊岡市日高町）

八反滝は日高町名色の稲葉川に懸かっています．国道 482 号線の二段滝入口から西に 1.9km，いくつかカーブを曲がった先に入口があります．案内のある入口を左折し，すぐ左折すると滝の展望台に到着です．

国道から八反滝への入口

展望台から見た八反滝

展望台からは，色づいた木々の向こうに八反滝が見えます．二条に分かれまっすぐ落ちる力強い滝で，私は久しぶりにこんな綺麗な滝を見ました．火山の噴火活動があった地域には，直下型の綺麗な滝が多くて嬉

しいです．
　展望台から手すりと段（90段ほど）のある山道を下ると滝の正面に出ます．滝の高さは20mあまり．川を遮った溶岩流の上をまっすぐに広い渕に落ちています．川幅が広いので，豪雨後は壮観な眺めとなっていることでしょう．現地の案内板によると，「八反」という名は滝の長さが布八反にあたるからだそうです（でも，滝の長さとは何でしょう）．
　明るく広い谷で，滝の正面は手入れされた針葉樹と広葉樹の疎林となっており，いい雰囲気を醸し出しています．

八反滝　直下型で大きな渕があります

　滝を見て，展望台で遅い昼食をとっていると，10名ほどの人たちが数台の車でやって来て，滝へと下って行きました．よくまとまった美しい滝で，来訪者も多いようです．

2022年11月6日

八反滝へ降りる道

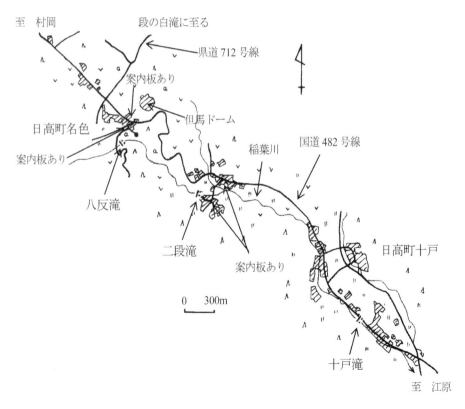

至 村岡

段の白滝に至る

県道712号線

案内板あり

但馬ドーム

日高町名色

案内板あり

稲葉川

国道482号線

八反滝

二段滝

案内板あり

日高町十戸

0   300m

十戸滝

至 江原

44. 白滝 (豊岡市)

　八反滝を見た後，国道を少し遡って県道712号線に入り，峠を越えて県道1号線を通って段の白滝へと向かいました．国道から11.5km，突然右側に「白滝入口」の標識が現れました．入口は左写真のようなところ

県道から白滝へ

白滝登り口

です．ここで右折して1.1kmほど行って川を渡ると白滝の登り口の案内がありました．白滝まで200mと書かれています．ここにカブを置き，畑の間を通って山に入り，川に沿って進むこと5分，白滝に到着です．

　登り口の案内板に「段の白滝と河床」と書かれているように，滝までの河床は茶色の滑らかな岩盤で，途中川を渡るところでは，川幅50cm位の水路状に河床を掘り込んでいました．なお，山道は落ち葉が多く，湿っていると滑りやすいので要注意です．

　滝の高さは25mあまりでしょうか．奥2段は22mあまり，水は2段落ちた後たらたらと流れ，小さく落ちて直径5mほどの渕に注いでいます．右斜面の道らしきところを登ると奥2段（上段と中段）の下に行くことができます．

滑らかな河床

　奥2段の上段は小さな段をつくりながらザアザアと斜面を下り，右に曲がって中段へと続きます．中段では，一度宙に舞って岩に当たり，小さな滝つぼへ落ちています．一条の流れの綺麗な滝です．

白滝全景　　　　　　　　　　　　白滝上段と中段

なお，この滝は段地区にあるので，「段の白滝」とも呼ばれています．

2022 年 11 月 6 日

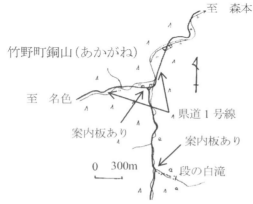

至　森本

竹野町銅山（あかがね）

至　名色

県道 1 号線

案内板あり　　　　　　案内板あり

0　　300m　　　　　　段の白滝

45. 一ツ滝・二ツ滝

一ツ滝と二ツ滝は日高町水口の神鍋渓谷公園内にあります．滝へは国道482号線の二段滝入口から道の駅の前を通り，西へ5.3kmほど行ったところで県道258号線に入ります．入口に案内はありません．県道に入り1.7kmも行くと公園に到着．公園の案内板と一ツ滝

ここから降ります

一ツ滝降り口

への降り口があります．降り口は写真のようなところです．案内板前の広場にカブを置き，紅く色づいた木々の葉の下，広い遊歩道を下っていくと東屋があり，その先に木製の橋が架かっていました．橋からは一ツ滝が遠望できました．

一ツ滝全景

一ツ滝は高さが 14m あまり．狭い滝口から出た水は岩にあたって飛び散りながら末広がりに落下しています．15×8m ほどのそこそこ深そうな滝つぼがあります．幅広く明るい気持ちのいい谷で，季節柄紅葉は綺麗でした．

　次に，県道に戻り上流の二ツ滝を目指しました．一ツ滝から 500m も県道を上ると県道脇に東屋と二ツ滝への降り口を示す表示がありました．滝はここから 91 段の階段を降りた広い谷の中にあります．

　二ツ滝は二つの川の合流点に位置しています．左右の谷にそれぞれ滝

ここから降ります

二ツ滝降り口

が懸かっていることから二ツ滝と呼ばれているのでしょう．向かって右の谷の滝は高さが 14m あまり．広い滝口から出た水はブロック化した岩に何度も当たり，左右に分かれて落ちています．向かって左の谷の滝は高さが 8m あまり．岩を掘り込んだ一束の流れとなり，大きく 2 段の段をつくって落ちています．滝前面の岩や周囲の木々に遮られて綺麗な写

二ツ滝（右側）

二ツ滝（左側）

真は撮れませんでした.

　滝の前面は手入れされた明るく広い落葉樹の谷で，湿気が多いのでしょう，コケに覆われたベンチとテーブルがありました.

　これでこの日の滝めぐりは終わりました。この後カブに乗って 140km を 4 時間かかって帰りました.

2022 年 11 月 6 日

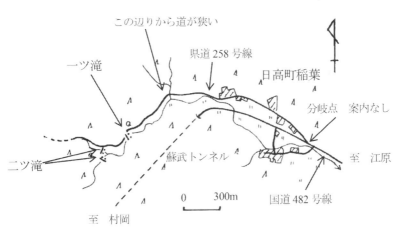

この辺りから道が狭い

県道 258 号線

日高町稲葉

一ツ滝

分岐点　案内なし

二ツ滝

蘇武トンネル

至　江原

至　村岡

0　　300m

国道 482 号線

46. 霊亀の滝

霊亀の滝は京都市市街地西端の山麓，松尾大社の本殿裏にあります．松尾大社は，15年以上前，みたらし団子の配達によく来ましたし，正月には夜どおし団子を焼いて売ったものでしたが，滝があるとはまったく知りませんでした．滝は本殿前広場の北西部，松の木の北側の通路から渡り廊下をくぐって行きます．廊下をくぐってまっすぐ行くとすぐ山にさしかかり，道の突きあたりに滝はあります．

滝の高さは10mあまり，上段5m，下段5mの2段からなります．奥が浅いので水量は少ないものの，涸れることはないそうです．苔むした岩肌をザーザーと音を立て，岩を伝いながら流れ落ちています．手前の岩は天狗の鼻を連想させる

霊亀の滝　左手前は天狗岩

ので，「天狗岩」と呼ばれているそうです．周囲の岩は崩れやすそうで，何か古い滝という印象でした．

2022年11月14日

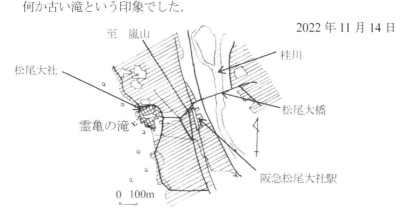

至　嵐山

桂川

松尾大社

松尾大橋

霊亀の滝

阪急松尾大社駅

0　100m

47. 虚空蔵の滝

　虚空蔵の滝は京田辺市大住ケ丘団地の南の山中にあります．滝へは松井山手駅から花住坂へ向かう市道を進み，消防署の手前の信号を右折して細い道へ入ります．松井山手駅に入る交差点から 600m ほど東に行った交差点です．細い市道に入って 400m あまり，坂を上り詰めた団地の東側を右折し，すぐにもう一度右折して山道に入ります．入口は左写真

右折し野外活動センターを目指します　　　　　　　　　ここを下ります

　市道からの入口　　右折後すぐ右折　　　滝への降り口　　右にも建物あり

のようなところです．山道に入って 300m も行くと左手に広い駐車場があり，右手にそよかぜ幼稚園の建物があります．ここにカブを置き，幼稚園の北側の階段を下って滝に向かいました．滝への降り口は右写真のようなところです．降り口には「大住虚空蔵さん」の案内があります．

　降り始めて 4 分，左側が崖になっている山道を下っていくと虚空蔵堂がありました．境内の由来紀を見て広い沢に降ります．ここまで滝の案内はありません．沢に降りてどちらに行こうかと思いましたが，下流側では子供たちが遊んでいたので，上流へ向かいました．道はなく，平坦な沢の中を歩いて行きます（水が多いとたどり着けませんね）．沢はすぐに両側が切り立った峡谷となり，2 つ目の屈曲部を曲がると前方に垂直に落ちる滝が見えました．二つの沢の合流点，左の沢の少し上流に懸かっています．滝まで沢に降りて 3 分でした．

　滝の高さは 8m あまり，切り立った峡谷の奥，少しオーバーハングした岩から落ちています．造瀑岩はほぼ水平に堆積した地層を示す岩で，河床にはブロック化した岩が転がっています．造瀑岩は苔むし，湿気が多いことを示しています．小規模ながらも一見の価値がある滝です．

滝の下に佇み滝を眺めていると子供たちがやって来ました．聞くと右の沢にも小さな滝があるそうなので行ってみました．右の沢にある滝は高さ 2m あまり．滝の周囲にはコケやシダが付いていました．戻って主瀑を見ると，子供たちが写真を撮っていました．

道を尋ねた消防署の方が「竜王の方だろう」とおっしゃっていたように，この辺りは竜王という地名で，かつてこの滝では雨乞いの祈願が行われていたそうです．井手町（龍王の滝）・宇治田原町（龍王の滝）・京田辺市と，竜王様が京都南部に多いのは，かつてこの辺りでは旱魃の被害が多かったのでしょうね．

2022 年 11 月 20 日

虚空蔵の滝

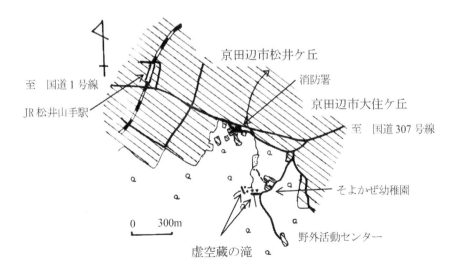

京田辺市松井ケ丘
消防署
京田辺市大住ケ丘
至　国道 1 号線
JR 松井山手駅
至　国道 307 号線
そよかぜ幼稚園
野外活動センター
虚空蔵の滝
0　　300m

48. 不動の滝（舞鶴市岡田由里）

　不動の滝多いですね．これは舞鶴市岡田由里にある不動の滝です．滝へは国道175号線の岡田由里交差点から入ります．国道から府道570号線に入り，加佐運動場を目指します．府道に入って1.2km行き，「けひはし（と読めました）」の手前を右折し500m行くと左手に広場があり，不動の滝の標柱があります．到着です．滝は広場の奥にあります．

こちらに行きます　　　　　　　　ここに標柱あり

電柱に運動場への案内あり

府道からの入口　　　　　　　　　不動の滝入口

　滝の高さは6mあまり．岩盤を細い水路状に「く」の字に侵食し，小さく段をつくりながら下っています．見上げると滝口は側溝の端のように見えます．確認のため車道を上ってみると予想どおり滝口は道路脇の側溝でした．滝口から滝を見下ろすと誰かが削って水路をつくったのでは？と思うほどきれいな水路状に岩を削っています．滝口の反対側には加佐運動場がありました．滝の手前には東屋もあり，一休みして滝を眺めながら昼食をとるにはいいところです．

　舞鶴市にはこの他に由良川の大川橋の北方の和江地区にも不動の滝があるということなので行ってみました．集落の奥の毘沙門堂から200mのところにあるとのことですが，しばらく人が行っていないからか，毘沙門堂から先の道がなくひき返しました．地元の人でも滝の存在を知らない人もいたので，有名な滝ではないかもしれませんね．なお，現地の案内板によると，この地は文豪森鷗外の「山椒大夫」において，山椒大夫から逃れた厨子王が僧によってかくまわれたところと伝えられているそうです．なお，場所は離れますが，国道173号線沿いの旧瑞穂町三ノ宮にも不動の滝があり，町道脇に立派な標柱があるのですが，こちらは

不動の滝　　　　　　　　滝口から見た不動の滝

動物よけの柵が開かず近づくことができませんでした.

2022 年 11 月 27 日

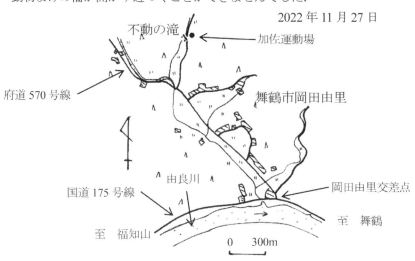

49. 隠れ大滝（舞鶴市八戸地）

　隠れ大滝は舞鶴市八戸地地区の八戸地川上流の山中にあります．八戸地の集落で府道45号線から分かれて2.6kmほど川を遡ったところです．府道からの分岐点は左写真のようなところで，私は見落として行き過ぎてしまいました．

府道からの分岐点

大滝橋に到着

　八戸地の集落から落ち葉で覆われた市道を上って行くと道の下方に小滝が現れます．小滝は高さ3mあまり．浅い滝つぼがあり左手に祠が2つあります．小滝から100mで大滝橋です．

　大滝橋から上，滝までの道はありません．そこで右写真のカブの後ろから川に降り，滝を目指しました．

小滝

やぶに時間がかかり，橋から7分，川の曲がったところを過ぎると眼前に中滝が現れました．

　中滝は高さ8mあまり．2段の滝で広い谷の中を広がって落ち，下方は手前の岩に遮られて一束にまとまって下っています．滝つぼはなく，手前に渕があります．

　少し下がると上方に大滝が見えますが，行く方法が分かりません．多

中滝

隠れ大滝

くの方々が到達していますし，行く方法はあるはず．右岸斜面は流れ盤の一枚岩なので登るのは無理です．左岸斜面はと探していると，少し下がったところに踏み跡を見つけたので登ってみました．よく滑る土の急斜面を細い木の幹や根につかまり登っていくと，洗濯物を干すロープが2カ所架かっていました．足元に注意し，そこから横方向に行くと大滝の滝つぼに出ることができました（と書くと簡単そうですが，一度登りすぎて困っていました）．迷った時間を含めて中滝から13分でした．

　大滝の高さは全体で15mあまりでしょうか．写真では小さく見えますが，なかなか立派な滝です．滝つぼはありません．広葉樹に覆われた広い谷の中をザーザーと落ちています．「隠れ大滝」という名は，長谷に行く昔の道からは急斜面の下にあって見えないからだと，八戸地の方が教えてくださいました．

2022年11月27日

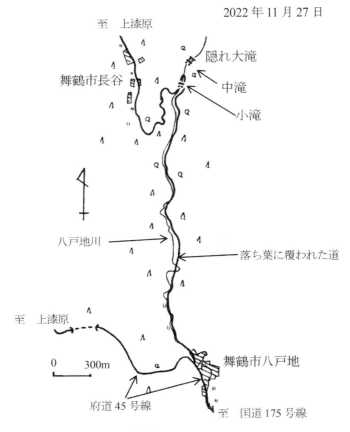

50. 真奥大滝(舞鶴市上漆原)

真奥大滝は舞鶴市上漆原の生活改善センター東側の谷にあります. 隠

こちらに行きます

府道からの入口

ここから登ります

真奥大滝登り口

れ大滝から行くと，大滝橋から市道を進んで峠を越え、長谷の集落を抜けて府道 45 号線に出てすぐのところにある生活改善センター手前で右折し，400m ほど行った白髭神社の前で未舗装の林道（?）に入り，終点まで行きます. 林道終点は右写真のようなところで，ここから南側の川に沿って登っていきます. 林に入って川を渡り少し行くと前方に 5m ほどの滝が見えます. この滝に近づくと上にまた 5m ほどの滝が見えます. こうして道もなき林の中を登っていってもいいですが，川を渡ってすぐのところにある涸れ谷沿いを，谷から少し離れて数十 m 登る（つまり川から離れて南に登るということ），大滝に至る山道に出ます. こちらを登る方が楽です. 滝まで登り始

真奥大滝

めて 11 分でした.

　直下から見える範囲での真奥大
滝の高さは 12m あまり. 急傾斜の
一枚岩の斜面を縞模様をつくりな
がら滑り落ちています. 滝を形成
している岩の下半分のところには
斜めに弱線が入り, これより上は
一条の流れのものが, これより下
方では, 水は岩を幅 20〜30cm 程
度に線状侵食して, 5 本の狭い水
路となって下っています. この線
状の流れがこの滝の特徴ですね.
少し斜面を登って滝の上を見ると,
上方は多少緩い斜面の流れとなり,
そのさらに上方まで斜面の流れが
続いているのが分かります. 綺麗
な滝です.

　狭い谷ですが, 滝の周囲は広葉
樹が多く, 時節柄紅葉が綺麗でし
た.

2022 年 11 月 27 日

ここにも流れが

線状侵食

真奥大滝

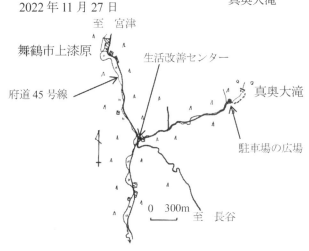

至　宮津

舞鶴市上漆原

生活改善センター

府道 45 号線

真奥大滝

駐車場の広場

0　300m

至　長谷

51. 今福の滝

　今福の滝は宮津市今福町の山中にあります．府道9号線を宮津の街から南下していくと，府道の右手に滝への案内板が現れます．府道から滝

こちらに行きます　　ここに案内あり

府道からの入口

今福の滝登り口

への入口は左写真のようなところです．ここで府道を左折し，京都丹後鉄道喜多駅北側で線路をくぐり1.15kmほど行くと右写真のところに出ます．橋の手前に車2台ほど置ける駐車場があるので，その隅にカブを置き，橋を渡って滝を目指しました．橋の横のポストには滝の案内図が入れられているそうですが，この日はありませんでした．

　橋を渡って手入れされた杉林の中を4分ほど登ると分岐点が．右は滝神社80m，左は今福の滝140mとあります．どうやって距離を測ったのかと思いながら滝を目指しました．

　分岐点から左へ急な坂道を登っていくと8分で二の滝の展望所に出ました．途中には三の滝の滝つぼへの道がありましたが，帰りに行くこと

一の滝

二の滝遠望

にしました．展望所から見た二の滝の高さは30mはあるでしょう．緩斜面を下ったあと，急斜面を広がって小さく段をつくりながら落ち，大きな岩にあたって2条に分かれて左に下っています．綺麗な流れです．

三の滝

展望所で二の滝を見て一の滝を目指しました．急傾斜の山道を喘ぎな
がら登ること6分で一の滝降り口です．ここから36段の段を下ると一の
滝正面に出ます．一の滝の高さは5mあまり．四角にブロック化した岩
の上を直下に落ちています．岩をくり抜いた小さな滝つぼがあります．滝
つぼに落ちた水は，その後岩を滑らかに磨き，二の滝へと落ちていきま
す．幅広い谷で，遠くに対岸の山々が見えます．

　次に登ってきた山道を下り，三の滝の滝つぼへと向かいました．滝つ
ぼへは分岐点からほぼ水平な山道で，途中四の滝を眼下に見ることがで
きます．四の滝は深い谷の中にあり，2段で高さは7mほどでしょう．こ
の下に五の滝から七の滝まであるようですが，小さくて分かりませんで
した．

　三の滝は高さが12mあまり．広い谷の中，ゴツゴツの岩の上いくつも
の流れに分かれ，小さく段をつくりながら落ちています．上には二の滝
上部が見えます．滝つぼはなく，大きな岩が転がっていました．

　この後滝神社に寄って手を合わせて帰りました．全部で1時間程度の
滝めぐりでした．地元の方々が道を整備してくださっていて、歩きやす
い滝めぐりでした．

2022年11月27日

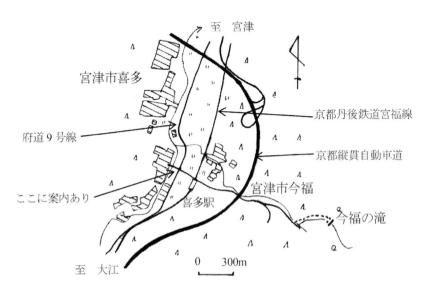

52. 裏八反の滝（綾部市故屋岡町）

　裏八反の滝は綾部市故屋岡町の行谷（ゆくたに）の上流にあります．滝へは国道27号線綾部市東山町山家交差点から府道1号線に入り，20.1km行った小仲交差点で右折し，小仲橋を渡って府道771号線に入ります．府

こちらに行きます

こちらに行きます

小仲交差点　右折します　　　　行谷橋　右折して渡ります

道771号線に入り1.5km先の急カーブを曲がったところで八反滝に行く道が分かれますが，とりあえずここはスルーして先に進みます．先へと進み，集落を抜け，小仲橋から5.3kmのところにある行谷橋を渡り，行谷林道に入ります．林道は，初めは普通の山道ですが，2.6kmほど行ったところにある通行止めの鎖（この日鎖は開いていました）を過ぎた辺りから路面が悪くなり，こぶし大の礫が路面に転がるようになります．鎖から1.4km，右手の谷に突然裏八反滝が現れます．滝の直前は下写真のようなところです．

ここに標柱があります

滝の手前

林道から見た裏八反の滝

滝の高さは 12m あまり．2m ほどの滝口から急斜面を小さく段をつくり飛び跳ねながら下ってきた水は、2m ほどオーバーハングして直径 4m ほどの滝つぼへと落ちています．滝の前の林道脇には「京都の自然二百選　早稲谷川上流の滝群（裏八反の滝）」と記された標柱があります．この辺りには小さな滝がいくつもあるので「滝群」としたのでしょうか．大きな滝はこの裏八反の滝と，山の反対側にある八反滝，弁天滝の 3 つではないかと思います．

なお，裏八反の

裏八反の滝

滝の「裏」というのは，八反滝の尾根を越えた反対側にあることに由来するのでしょう．「八反」というには高さが低いようにも思いましたが，綺麗な滝でした．

2022 年 12 月 8 日

53. 八反滝（綾部市故屋岡町）

　裏八反の滝を見て，次に八反滝に向かいました．今度は 2km 以上歩かなくてはいけないようなので，地元の人にクマが出るか聞いてみました．すると，

　　　一人目の方：「先日あの近くでクマが出てね，猟友会の人が鉄砲で撃ったよ．昼間でも出るから気を付けなさいや」

　　　二人目の方：「先週この上でワナにクマがかかっていたというから，気を付けなさいよ」

とのことでした．ビビりまくりですが，ここまで来たら行かないわけにはいきません．クマスプレーを持って，時々笛を吹き，クマ鈴を鳴らしながら向かうことにしました．

　府道 771 号線からの入り口は左写真のようなところです．府道から分かれて 2.6km 行くと通行止めの鎖があります．この日鎖は外れていましたが，これから先は私有地で「通行禁止」の立て札もあったので，歩いて滝に向かいました．

こちらに行きます

府道からの入り口　　右に下ります

弁財天はこの上

通行止めの鎖の手前

　鎖を過ぎると道は二つに分かれます．左は八反滝に行く道で，右は弁天橋で早稲谷川を渡り、弁天滝に向かう道です．川に沿って左の道を行くとすぐに大内橋を渡ります．橋からは左前方に高さ 4m ほどの滝が見えます．地元の方も仰っていましたが，この滝を「八反滝」と言う人もいるようです．しかし，「八反」とは八反の長さがあるということ，本物の八反滝はこの林道の終点にあります．滝の位置を確認したあとで測ったところ、鎖の地点から滝まで地図上では 3km あまりでした．行きに

45分，帰りに38分かかりました.

奥で新しい林道の建設工事を行っているからか，奥八反の滝に向かう林道に比べこちらの林道は路面の状態も良く，歩きやすい林道でした. どこかのサイトに「緩やかに上がる林道」とあったので，いい気で進んでいくと，3つ目の橋を渡ったころから道の勾配はきつくなり，工事現場を過ぎるとさらにきつくなって，喘ぎながら登りました. 次ページ左は林道終点から見た八反滝です. ひと目見て「わ，高い」と思いました. 長い時間歩いてきたかいがありました.

滝の高さは25mあ

正面から見た八反滝

まりでしょうか. 広い滝口から細い層状にブロック化した岩の上をザーザーと下っています. 滝は大きく3つの部分からなり，2条→段を形成→まとまって1条の流れ→再び2条の流れとなり，小さく浅い滝つぼへと落ちています. 中段の岩には右上がりの割れ目があるのが分かります. どこから来たのでしょう，滝つぼには20cmほどの魚が2匹泳いでいました. 裏八反の滝よりこの滝の方が高さもあり，より綺麗に見えたので

林道終点から見た八反滝　　　　　　木間から見た弁天滝
冬なので 13:00 頃なのにこの暗さ

すが，写真では美しさが伝わらず残念です．広く明るい谷中にあり広葉
樹に囲まれた綺麗な滝でした．

　八反滝を見たあと弁天橋まで戻り，橋を渡って弁天滝に向かいました．
橋から急勾配の林道を登ること 3 分で滝を見下ろす場所に着きました．
滝の高さは 10m あまり．急傾斜から直下型となり直径 3m ほどのやや深
そうな滝つぼに落ちています．滝の名は橋の右岸の小丘の上（下から上
がってきて鎖の右側の丘の上）に弁財天がお祀りされていることに由来
すると考えられます．滝の下流は小渓を成していて，滝付近からは滝つ
ぼへは降りれませんが，下流の川の合流点付近から遡れば行けそうでし
た．

2022 年 12 月 8 日

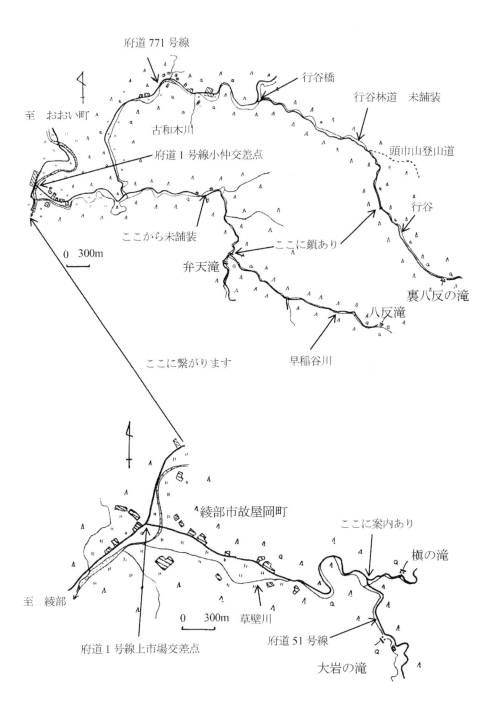

府道771号線

行谷橋

行谷林道　未舗装

至　おおい町

古和木川

頭巾山登山道

府道1号線小仲交差点

行谷

ここから未舗装

ここに鎖あり

0　300m

弁天滝

裏八反の滝

八反滝

早稲谷川

ここに繋がります

綾部市故屋岡町

ここに案内あり

槇の滝

至　綾部

0　300m　草壁川

府道51号線

府道1号線上市場交差点

大岩の滝

54. 槇の滝・大岩の滝

　槇の滝と大岩の滝は八反滝に行く途中の綾部市睦寄町にあります．府道1号線からの入り口は左写真のようなところです．府道1号線の上市

こちらに行きます
上市場交差点　右折します

ここに案内あり
槇の滝登り口　左折します

林道から見た槇の滝

斜面途中から見た槇の滝

場交差点を右折し，府道 51 号線に入って 2.8km 行くと前ページ右写真の場所に槙の滝 0.4km，大岩の滝 0.8km の案内があります．槙の滝はここで林道に入り，コンクリート舗装の狭くて急な道を上っていきます．分岐点から 400m，林道左斜面を落ちる沢に滝は懸かっています．

　林道から見える滝の高さは 15m あまりでしょう．急斜面を何段もの段をつくり，水しぶきをあげて落ちています．滝というより急な沢という感じです．よく見ると右手の尾根に段のような踏み跡があります．これを登ると滝の中腹に行くことができました．そこから見た滝の上半分は，下半分と同じ数段の流れ．落ち葉に覆われた明るい林の中，一筋の流れが斜面を下っています．

　次に分岐点に戻り大岩の滝を目指しました．大岩の滝は府道対岸の急斜面に懸かっています．

　滝の高さは 30m ほどでしょう．一筋の流れとなって急斜面を這うように下り草壁川に注いでいます．府道下の人家に向かう道には滝の名の由来を示すイラストが付いた案内板がありますが，説明文はありません．イラストから推測すると，近くに大きな岩があるので「大岩の滝」と名付けられたと読むことができます．

　2 つとも沢の一部のような滝でした．

　　　　　　2022 年 12 月 8 日

府道から見た大岩の滝

55. 稚児の滝（笠置町・南山城村）

　稚児の滝は京都府南西部笠置町の最北端，南山城村童仙房地区との境界にあります．滝へは笠置町から横川に沿って上ってもいいですが，今回は童仙房地区から入りました．童仙房へは国道163号線の北大河原トンネル（1512m）を抜けたところで左折して村道を上がります．そこそこ広い村道ですが，3.3kmで350mも上るので，結構急傾斜の道です．

国道からの分岐点　向こうから来て左折します

總神寺入口　滝は右広場奥

　坂道を上りきると平坦地にでます（「童仙房高原」と書かれた案内板がありました）．童仙房地区は明治時代の開拓村で，集落は一番，二番・・・九番と，番号が付いています．その中で四番の集落の南方にある總神寺の境内南側に滝はあります．滝は平坦地と急傾斜地との境目にあり，横川の谷頭侵食最前線の遷急点に位置しています．

　北大河原トンネル東口から6.5kmで總神寺に着きました．右写真の「總神寺」と彫られた石柱の横の赤い欄干の橋を渡って境内に入り，右手の広場にカブを置き，広場の奥に行くと，寺の僧たちが修行をしていた時に使われていたといわれる建物がありました．建物の西側には川が流れています．建物正面のクマザサの茂みに分け入って流れの先を見ると滝口が見えます．でも，滝の正面に降りる道はありません．当然ですが滝口は崖ですので，こ

斜面下部　滝へはこの急斜面を下りました

直下から見た稚児の滝　　誰も来ないので蔦で覆われています

こからは降りれません．そこで左手の尾根の向こう側を降りることにしました．急傾斜で滑りやすい斜面を木の幹や蔦を頼りに下ること 20 分，途中帰れるか心配でしたが，取り敢えず滝の正面に降り立つことができました．気温が上がり草木が繁るとここには来ることはできませんね．

　滝の高さは 15m あまり．深い谷の中の木々や葛の中を小さく何段にもなって落ちています．綺麗な滝です．造爆岩は村の東端にある不動の滝（写真は 25 ページ）と同じ花崗岩と思いますか，不動の滝のような私的に不気味な感じの色合いと滑らかさではありません．花崗岩の節理の間が抜けたのでしょう，上半分が垂直に割れた岩の間を落ちているのが特徴です．滝つぼは浅く，周囲には大きな岩が散乱しています．

　稚児の滝の名の由来について，南山城村のホームページには次のような話が紹介されています．

　　鎌倉時代末，後醍醐天皇が鎌倉幕府を倒す謀略をはかっているのが幕府にもれて，天皇は笠置山へうつって行宮とし，鎌倉幕府軍は山のふもとに陣取って，一か月の攻防が繰り広げられました．とうとう，幕府軍は，山へ火を放ち，天皇軍は敗走しました．後醍醐天皇はつかまり，翌年，隠岐の島へ流されることになります．

　　天皇軍が笠置山で敗れた際，赤ん坊の皇女様を抱いて乳母が童仙房へ逃げ込みました．幕府軍が追ってくるし，もう逃げられないと観念した乳母は，皇女様を滝へ投げ，自らも同じ滝では畏れ多いと，別の滝を探し，そちらへ身を投げました．

　乳母が身を投げたと伝えられる滝は「乳母ガ滝」と呼ばれ，稚児の滝の西側の谷にあります．地元の人も行かない滝で（お聞きした方は「行ったことがない」とおっしゃっていました），また，稚児の滝以上の渓谷の中にあり，滝正面に降りるには 30m ものロープが必要のようです．

2022 年 12 月 30 日

参考資料：南山城村ホームページ；村へ行こう！南山城村へ！｜京都府でたった 1 つの村、南山城村体験観光推進協議会がご案内します (kyoto-mura.jp)

56. 雄滝・雌滝（南山城村）

　南から流れてきた木津川は南山城村大河原で直角に西に曲がります．この屈曲部の手前の木津川を「夢弦峡」と呼ぶそうです（私には普通の広い谷に見えます）．ここに落ちる沢に懸かっているのが雄滝と雌滝です．

　大河原大橋西詰から府道82号線を1.2kmほど行ったところの雌滝橋上流側に雌滝は懸かっています．滝の高さは10mあまり．砂防堰堤より落ちた水が一筋の流れとなって橋の下に吸い込まれていきます．府道脇には「雌滝」の標柱もあります．

　雌滝から150mほど南の雄滝橋の上流側には雄滝が懸かっています．雄滝の高さも10mあまり．こちらでは大きな砂防堰堤から落ちた水は薄く沢いっぱいに広がり落ちています．一枚岩に縦に入った割れ目（節理

雄滝全景　　　　　　　　　　　雌滝全景

か?)が印象的で，2本の流れがこの割れ目を流れています．

両者とも上にある砂防堰堤が嫌でも目に入りますし，純粋な滝というより急な沢といった感じの滝です．

2022 年 12 月 30 日

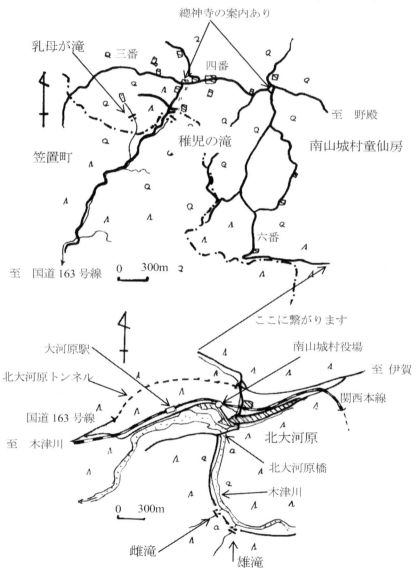

57. ヒグラシの滝

　ヒグラシの滝は京都市右京区の愛宕山山麓，空也滝の上流に懸かっています．滝へは清滝の集落から月輪寺登り口に向かう途中にある大杉谷登山口から登ります．登山口は左写真のようなところです．地形図を見ると，ここから滝への降り口までは240mほど標高差があります．

ここを登ります

滝への登り口

こちらに行きます

登山道の分岐点　右に行きます

　幅1.7mほどの広くて急な登山道を20分も登ると右上写真の分岐点に着きます．左は表参道，右は大杉谷との小さな矢印があります．滝は大杉谷方向にあるので右の狭い道を行きます．狭くなった道はしばらく緩い上りですが，第1ベンチ（休憩のベンチがあります）を過ぎると急な上りとなります．分岐点から22分，杉林を抜けると滝への降り口です．降り口は左写真のようなところで，登山道脇の幹が曲がった広葉樹が目印です．案内はありませんが，目を凝らすと谷側の木の幹に赤ペンキで矢印があるのが分かります．ここからは赤ペンキと幹に巻かれたテープを

この木が目印

滝へ降り口　案内はありません
左の木が目印です

ここに矢印が

下って行きます

滝への降り口　右下の木に矢印があ
ります

目印に下って行きます．下り始めて6分で滝に着きました．途中は踏み跡で道はなく，滑りやすい急斜面です．
　滝は急斜面から直下型で，高さは10mあまり．小規模ながらも綺麗な滝です．滝を形成しているのはブロック化した岩で，このような崖が幅数10mに渡って広がっています．直径2mほどの浅い滝つぼがあります．杉林の向こうに見える滝は少し荘厳な感じがしました．
　ネットにある『きょうのまなざし』の著者によると，この滝

ヒグラシの滝全景

は下流にある空也滝と混同されていたようで，空也上人が修行したのはこの滝だったという説もあるようです．同ページによると「ヒグラシ」の名は，細川幽斎（藤孝）が愛宕山や月輪寺を登拝，参詣した時に詠んだ

愛宕山より月輪にまかりて秋立て二日といふひに下山しける道に
瀧のありけるを人にたつねけれは日くらしの瀧とこたへけるに折し
日くらしの名にもたかはす鳴きけるをきゝて
　　きのふける秋くるからに日くらしの聲打そふるたきのしら浪
の歌とその詞書に由来すると考えられるようです．また「ヒグラシ」と
は別の名で呼ばれていた可能性も指摘されています．なお「ヒグラシ」
の表記は滝の正面の木に掛けられていた板に書かれていた表記で示しま
した．

2023 年 1 月 2 日

参考資料：

京都　愛宕山　初夏の空也滝（空也の滝）で夕涼み　ひぐらしの滝 (kyotocity.net)
滝へ至る山道については下のページが大変参考になりました．
tanuki838.web.fc2.com/Taki/130214-Higurashi/Higurashi.html

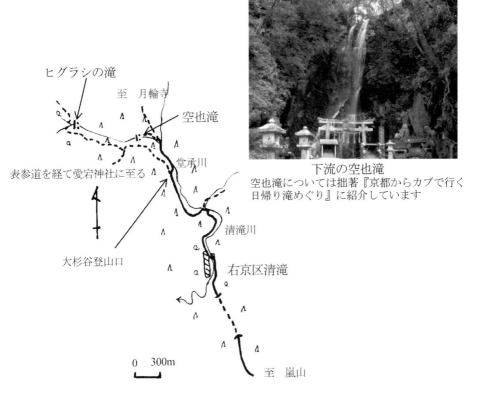

下流の空也滝
空也滝については拙著『京都からカブで行く
日帰り滝めぐり』に紹介しています

ヒグラシの滝

至　月輪寺

空也滝

表参道を経て愛宕神社に至る

堂承川

清滝川

大杉谷登山口

右京区清滝

0　　300m

至　嵐山

58. 不動の滝（京丹波町上乙見）

　京丹波町和知の上乙見にある不動の滝です．滝へは府道 12 号線の京丹波町篠原交差点を左折して府道 51 号線に入り，2km 行ったところで上和知川橋を渡ります．橋の手前に「上乙見」の案内が出ています．橋を渡って 2.8km ほど行くと集落の中心部があり，短い橋を渡ると町営バスのバス停があります．ここで道なりに右に曲がって 50m も行くと右に橋が

　　神社への入り口　　右折します　　　　滝への登り口　　川沿いに行きます

ありその奥に神社が見えます．これが熊野神社です．滝は神社に入らず，川沿いの道を 100m も上ったところに懸かっています．入口は右写真のようなところで，現地では道の奥に鳥居が見えます．この鳥居に向こうの岩の岩屋にお不動様が祀られていることから，不動の滝と呼ばれています．不動様の手前に鳥居があるのも不思議ですが，深く考えないことにしました．

　滝の高さは 6m あまり．川が直角に曲がっているところに懸かっているため，到着まで見えません．川は滝の上流でまた直角に曲がっています．この辺りでは河床に岩盤が露出しているところがあちこちで見られますが，ここが遷急点なのでしょう．滝はほぼ垂直の地層を急傾斜に削って落ちています．上部は右に落ちて，下部は正面に落ちています．小さく地名の「乙」を描いているように見えました．上は畑地のようなところで，周囲は雑然としており，川（岩谷川）も荒れた感じがしました．

　なお，この近くでは，上和知橋を渡らずに府道を進んだ仏主（ほどす）地区に権現の滝があるということで行ってみましたが，渓谷を沢登しなくてはいけなくて途中で断念しました．権現谷というところで，龍王様

正面から見た不動の滝　　　　　　左から見た不動の滝

がお祀りされていました.

2023 年 1 月 22 日

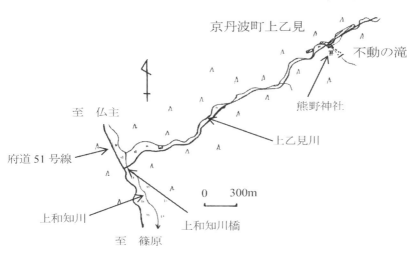

京丹波町上乙見

不動の滝

至　仏主

熊野神社

府道 51 号線

上乙見川

0　　300m

上和知川

上和知川橋

至　篠原

59. 青龍の滝（美山町田歌：遠望）

　美山町の青龍の滝は国道 162 号線
の安掛交差点から府道 38 号線を東
に 13km ほど東に行った田歌地区の
南の山に懸かっています．かやぶき
の里から 6.8km 東のところに分岐点
があります．府道を東進するとカー
ブの右手に神社があり，その手前を
下って南岸の集落に向かう道が下っ

ここを下ります　　　句碑

府道からの分岐点　右に下ります

ています．分岐点は写真のようなところで，右に下っていきます．分岐
点には次の句が刻まれた石碑がありました．

滝はここ

府道から見た青龍の滝　　　　　　集落の奥から見た青龍の滝

　　　　　水上は　いづくなるらん　此の寺の　流れ涼しき　青龍の滝
　句碑から南方の山を見ると一条の水が落ちているのが見えます．この
句の寺とは洞雲寺のことで，この寺の裏山に滝は懸かっています．
　少しでも近くから滝を見ようと由良川を渡って集落の奥まで行ってみ
ました．遠景なのでよくわかりませんが，滝の高さは15mほどでしょう
か？ほぼ垂直の崖の上を急傾斜から垂直の流れになって落ちています．
元々は植林の中を落ちていたものを，見やすくするために滝の周囲を伐
採し，さらに手前も伐採したようです．東の守護の「青龍」が南にある
のも変ですが，一条の流れが龍が天に昇るように見えるのでしょうね．近
くで見たかったのですが，夕暮れも迫っているため遠景で我慢しました．

　　　　　　　　　　　　　　　　　　　　　　　　　2023 年 1 月 22 日

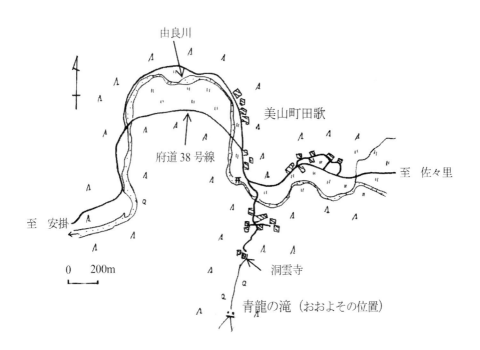

60. 不動の滝（和束町木屋）

　京都府南部和束町にある不動の滝です．滝へは国道 163 号線の木津川橋から 8.5km ほど東に行った木屋から入ります．国道を左折して府道 62 号線に入り 80m ほど上がったところを右折して脇道へ．曲がるところには案内が出ています．脇道に入り急な坂を 250m も登ると滝への登山口

国道からの分岐点　　左折します　　　　滝への登山口　駐車場はありません

です．登山口の滝の案内には「マイペース 30 分」とマジックで書かれていました．地形図を見ると滝は登山口から 70m ほど上にあります．滝への道は急な山道でしたが，半分以上はコンクリート舗装され，段も造られていたので，登りやすい道でした．道は杉林の中を上っていきます．途中 2 カ所ベンチがありました．登り始めて 12 分，白い建物を過ぎると広場に出て滝に到着です．30 分とあったので 12 月はあきらめたのに…．

　滝の高さは 8m あまり．左上がりで大きくブロック化した岩の上を何段にもなって落ちています．滝口ではまとまっている水も，奥が浅い谷で，もともと少ない水がこれだけ広がるとよくわからない流れになりますね．向かって右側の崖の中腹には小さな社があます．岩屋の奥はよく見えなかったのですが，奥に不動様がお祀りされているようでした．なお，この滝は二ノ滝です．

　道は右の岩を巻いて上に続いています．滝の上に登ると向こうに一ノ滝が見えました．滝の高さは 6m あまり．二ノ滝とはうって変わって，水は岩を V 字に掘り込み一束となって斜面を下っています．綺麗な一筋の流れです．でも，滝というよりは急流の沢といった感じで，道を尋ねた地元の人も「滝は一つ」と仰っていたことから，地元では滝と認識さ

不動の滝（二ノ滝）　　　　　　　　不動の滝（一ノ滝）

れていないかもしれません．ここにも小さな社がありました．

　帰りに広場から二ノ滝を振り返ると，滝の中ほどの水しぶきに日光が当たって虹がかかっていました．

2023 年 2 月 5 日

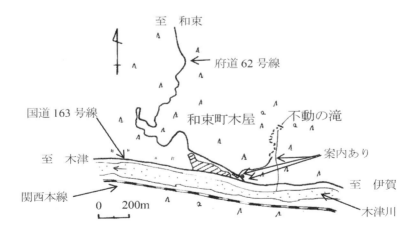

至　和束

府道 62 号線

国道 163 号線

和束町木屋

不動の滝

案内あり

至　木津

至　伊賀

関西本線

木津川

0　　200m

61. 不動の滝（京丹波町根直）

　京丹波町根直の不動の滝です．滝へは国道9号線の水原交差点から入ります．交差点を南へ曲がり府道711号線を4kmほど行き，鎌谷奥地区

林道の分岐点　左に行きます

林道終点の駐車場　正面は滝の由来記

の分岐で府道から分かれ左に道を取って町道へ．そして1.8km行った根直集落の奥の端で林道に入ります．林道への分岐点は左写真のようなところです．林道に入って川を渡るとチェーンがあるので，はずして，通って，また掛けて，先へ進みます．滝の手前の駐車場へはここから600mあまり．本来ならば滝の近くまでカブで行けますが，この日は中間地点に倒木があり，道を塞いでいたので300mほど歩きました．奥の駐車場は右写真のようなところです．駐車場奥には滝の由来記がありました．

不動明王の石仏

根直不動の滝

滝は駐車場から 100m ほどのところ，2 つの沢の合流点から左の沢を少し上がったところに懸かっています．滝の高さは 5m あまりと小規模の滝ですが，滝の左側に不動明王の石像がお祀りされており，滝の正面には祭壇があるなど，信仰の厚い滝です．滝の由来記によると，江戸時代半ばの享保の飢饉の時，この地域は年貢米上納もできない旱魃に見舞われたそうです．その時この滝の下にある大杉の元に不動明王をお祀りし，雨乞いの儀式を行ったところご利益があったとか．それ以来この滝は不動の滝として信仰されているそうです．

　滝は小さく 3 段になり，黒いブロック化したゴツゴツの岩の上を飛沫を上げて落ちています．小さく浅い滝つぼがありますが，よく見ると下流側は石積みとなっており，人工的なもののようです．滝の下流は急傾斜の沢となっています．

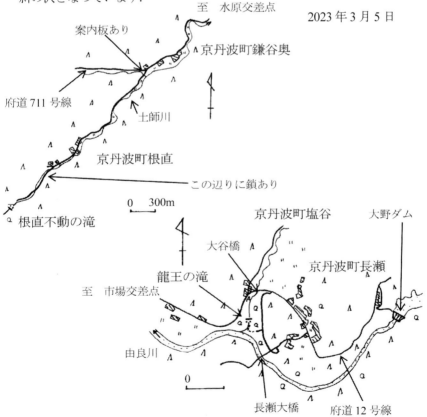

2023 年 3 月 5 日

至　水原交差点

案内板あり

京丹波町鎌谷奥

府道 711 号線

土師川

京丹波町根直

この辺りに鎖あり

根直不動の滝

0　　300m

京丹波町塩谷

大野ダム

大谷橋

龍王の滝

京丹波町長瀬

至　市場交差点

由良川

0

長瀬大橋

府道 12 号線

62. 龍王の滝（京丹波町長瀬）

　京丹波町長瀬の龍王の滝です．滝へは京丹波町市場で国道 27 号線から府道 12 号線に入り，58 の上乙見の不動の滝への分岐点であった篠原交差点を過ぎ，さらに 1.8km ほど走ったところにある大谷橋を渡って少し行ったところで右折します．右折すると正面に「龍王公園」と「墓地公

こちらに入ります

府道からの分岐点　右に入ります

案内板：字はほとんど読めません

龍王公園の入口　右折します

園」の案内板があります．右折して 400m，坂を上がって平坦地に出，墓地公園を過ぎた先に龍王の滝の入口があります．入口は右写真のようなところです．ここで右折して鹿よけのゲートを抜け 100m も行くと駐車場．ここにカブを置いて，駐車場南側から遊歩道を下りて滝に向かいました．遊歩道は急傾斜でしたがコンクリート舗

アカマツの混じった林を下っていきます

装の段があり，歩きやすかったです．尾根筋の歩道を下って谷に降りた先に龍王の滝はあります．

　滝の高さは 2m ほどと小さい滝ですが，特筆すべきはこの侵食のすごさ．川の行く手を阻む白く滑らかな岩を幅数 10cm，直に 5m ほど掘り込んでいます．これほどの狭く高い侵食は見たことがありません．岩の向こうにはコバルトブルーの渕が見え，また滝の上も渕となっているようです．滝の上流にも水が落ちているのが見えるので，まだ上流にも続い

遊歩道終点から見た龍王の滝　　　　　正面から見た龍王の滝

ているのでしょう．綺麗な滝です．掘り込まれた岩に丸太が挟まってい
るのは偶然でしょうか？　あるいは祭事に使うのでしょうか．この渕には
雨乞い龍王伝説が伝わっています．

　　　[伝説：塩谷の蛇ケ渕（蛇ケ渕伝説）]

　　昔，和知の長瀬村の在の農家に村でも評判の美しい娘がいたそうな．
　ある夏のこと，その家の主人が娘の寝間の沓脱石に，ずぶ濡れのゾウ
　リを見つけた．その年は何十年ぶりかの大日照りで，雨乞いの甲斐も
　なく一滴の雨も降らなかったのに―と不審に思った主人は，その後も
　気を付けていると，毎晩のように沓脱石には濡れたゾウリが脱いであ
　るのを見つけた．

　　主人は娘に気付かれないように様子をうかがっていたが，ある夜，
　娘が出かけるようなのでこっそり後をつけた．家を出た娘は，由良川

の支流塩谷川沿いの小道を歩きつづけ，蛇ケ渕と呼ばれている深い渕のそばの岩の上まで行くと，するすると着物を脱ぎ捨てた．と見る間にいきなり髪を振り乱して水中に飛び込んだ．そうして渕に流れ落ちる龍王の滝にしばらく打たれ続けた．しばらくして水からあがった娘は着物を着ると，またスタスタと歩き始め，今度は尾根沿いに山道を上りはじめた．

主人は夢中になって後を追った．六キロほど上がったところで娘は立ちどまった．そこは鏡岩という鏡のように光った岩があった．娘はそこで髪を整えると再び山道を上り始めた．やがて娘がたどり着いた所は長瀬村と山を隔てた畑郷村（現日吉町）との境にある大池のほとりであった．と見る間に娘は蛇身となり池に飛び込もうとしたが，その時娘は自分の姿を父親に見られていることに初めて気付いた．そこで娘は父親に向かい「今年は例年になく長瀬村はひどい水不足で村の人々が困っています．私は見かねて龍王の滝に願をかけ，龍になって天に昇り，雨を降らそうと思っておりました．今日がちょうど満願の日，龍になり昇天しようとここまで参りましたが，残念ながらお父さんにこの姿を見られてしまいました．私の願いも無駄になってしまいました」と，さめざめと泣き崩れた．が，気が付くと，娘はいつの間にか池の中にその姿を消してしまっていた．

その事があって以来，娘は二度と家には帰らなかった．

それから何日かたった頃，胡麻郷村（現日吉町）木戸の猟師が鉄砲を肩に狩り出かけた．が，その日に限って一匹の獲物もなく，くだんの大池のほとりでタバコを吸っておった．すると，静かだった大池の水面がにわかに大きく波だったかと思うと，見たこともない大蛇が水面に姿を現した．仰天する猟師に向かって大蛇は「雨を降らすために願をかけ，龍になって昇天しようとしたが，父に姿を見られ，蛇にはなれても龍になれないでいる．今日もまたあなたに見られてしまった．このままでは村へも帰れない．いっそ私を撃ち殺してほしい」と頼んだ．哀れに思った猟師は，願いをいれて大蛇を鉄砲で撃った．が，弾はいたずらにはね返るばかり．「龍にまでなろうとした蛇には鉛の弾丸では通らないのだろう」と諦め，一旦家に帰ると，わざわざ京の鍛冶屋に頼んで金の弾を作ってもらい，再び大池に来て大蛇の頭を撃ち

抜いた．その途端，大音響とともに空に稲妻が走り，ものすごい雨が降り始めた．と，大蛇は流れるように畑郷（現日吉町畑）の方にずり落ちていった．その時ウロコが何枚か飛び散ったが，そのウロコは今も畑郷のお寺に残っているという．

（船井郡京丹波町の伝説集：tanngonotimei.com　による）

また，同じ渕の話でしょうか？　京丹波町の伝説集には次の話も載せられています．

[塩屋の蛇渕]

塩屋から流れ出る中流が大野川に合流する近くに滝があり，その下に丁度蛇が曲がっているように渕が続いているところがある．両岸の木々がここを覆って昼なお暗く，夏でもこの所は肌寒く感じるほどである．地方の人はこの所を蛇渕と呼んでいる．その昔，此の渕に来て，美しい若い女が毎夜毎夜，水浴びしていると噂が立った．或る若い男がその姿を見ようと，或る夜此の谷へ下りた．暗い木々の間をくぐって行くと不思議，夜目にも美しい女の姿が見えた．ジッと見とれているうちに女は水浴をすませ，脱ぎし着物を身体に着け，藁の草履をはいて大川の方へ出ていく様子に，男は音を忍ばせてその女の跡をつけた．女は大川も苦もなく渡り，向こう岸に行ったかと思うと，男のあとをつけているのを知ったのか，足早になって，生い茂った木々の間も気にもしない様子で山を登っていく．不思議にもその姿が薄い光を出してでもいるように見えたと云う．男は何者かに引っ張られるように女の姿を追うて行ったら，現在長瀬の萱刈場となっているところにある池に行き着いた．すると女は池にドブンと飛び込んだと云う．すると，今まで美しい女は見るも恐ろしい大蛇に変わった．男はびっくりして後をも見ずに，真っ暗な山道を命からがら家に帰って遂に病気になったと云う．その後も女は水浴に来るらしいが，恐れて姿を見たものはないと云う．今その池は龍厳池と呼ばれていて，渕の上の崖には小祠が祀られている．そして今なお此の小さい祠の中には必ず赤い蛇がいつも居ると，この地の若者が話してくれた．龍厳池は長瀬塩屋が雨乞いをした時代の雨乞いの地であったと云う．家毎に松明を持って此の池の周囲で雨降らせ給えと龍神に祈ったのだと聞く．

（船井郡京丹波町の伝説集：tanngonotimei.com　による）

63. 不動の滝（綾部市口上林）

　綾部市口上林の不動の滝です．滝へは八反滝に行く時と同様，国道27号線の山家交差点から府道1号線に入ります．府道に入って5.1km，十倉地区の水田地帯を右に見ながらカブを走らせると，道路の反対側に滝の標識が現れます．と言っても，この標識は東向いており，小浜側から来ると見えますが，綾部側から来ると気が付きません．標識は左写真のようなところにあります．滝の標識とともに滝への道順を書いた案内板もあります．ここで田んぼの中の道を上林川まで進み，鹿よけのゲート

滝の標識と案内板　　　　　　　　　　　　　案内板

　　府道からの分岐点（小浜市側から）　　　　　ここを登ります／滝への登り口

を抜けて川を渡り，未舗装の道を南下します．橋を渡って450mほどで滝への登り口です．登り口は右写真のようなところで，ここから滝まで徒歩6分ほどでした．

　林道を登っていくと左下に急傾斜の沢の流れが見えました．前方の倒木の先には小さな祠もありました．「これが不動の滝？」と思いましたが，沢としか思えなかったのでもっと上流まで行ってみました．倒木を避けながら7，8分登ったのですが滝はありそうになく，引き返して先ほどのところへ．現地に案内板はなく，仕方ないので斜面を降りてみることに（道はありません）．後ほどカブのところに戻った時，案内板の写真と比べてこれが不動の滝と確認しました．

　滝の高さは6mほど．斜面の滝で滝というより急傾斜の沢といった感じです．この冬の雪で滝全体に倒木がかぶさっており，見た目よくわかりませんね．滝は大きくいうと3段からなり，滝口の岩で2条に分かれたあと，まとまって中段，下段と落ちています．滝口の祠に不動様がお

不動の滝

祀りされているのでしょうか，倒木が多く滝のそばに石仏があるかどう
かはわかりませんでした．杉の木は根が浅く雪の重みで倒れやすいよう
です．欲張りかもしれませんが，登り口まで 3 カ所も案内があるのです
から，現地にも案内がほしいと思いました．

2023 年 3 月 5 日

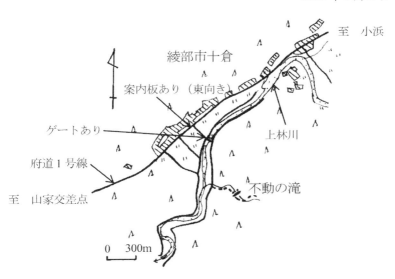

64. 稚児の滝（舞鶴市真倉）

　舞鶴市南端の真倉地区にある稚児の滝です．綾部市から国道27号線を北進すると，舞鶴市に入ってすぐ，一ノ瀬橋の北詰に「紫竹山稚児ケ滝不動明王参道入口」の白い看板が立っています．ここで国道を左折して林道へ．なお，林道入り口には鉄製のゲート（高さ1.6m）があり，背の高い車は入れません．林道を500mも行くと広場があり，北側に鳥居が，その奥には建物が見えます．滝はこの建物（不動堂；籠堂）の向こう側に懸かっています．建物へは鳥居を抜けて石段を上がって向こうで降りても，川沿いの車道を行って向こうで少し上がってもいいです．

こちらに行きます

看板

国道からの分岐点

滝はこの奥

滝への入り口

　滝の高さは3段で10mあまり．斜面の滝→小段→急傾斜→直下→小段→小さい滝つぼ→小段となって流れていきます．造瀑岩は小さくブロック化したゴツゴツの岩で，滝の手前には平らに割れた岩が落ちていることから粘板岩でしょうか？　滝の左手には不動明王の石仏が祀られていました．

　滝の正面の建物は，その昔，前九年の役で伊予の国に流された安倍宗任が，配流地を逃れて隠れた隠家と伝えられています．「稚児ケ滝不動明王の史蹟について」（真倉（舞鶴市）（tangonotimei.com））によると，前九年の役で伊予の国に流された安倍宗任は，ひそかに京都に舞い戻ったものの，追っ手に見つかり，逃れて丹後に至り，真倉の山奥にある不動堂に身を隠したといわれます．ここで宗任は連れてきた稚児千世童子とともに不動明王に再起を祈願していましたが，追っ手が迫ったのを知り，逃げる際に足手まといになる千世童子が敵の手に渡るのを忍びず，

涙をのんで刺し殺して不動堂の小脇
に埋め，不動明王に冥福を祈願した
といわれています．このでき事によ
り，この滝は稚児の滝と呼ばれてい
るそうです．そのあと宗任は山を越
えて奥黒谷に逃れ身を隠していたも
のの，追っ手に見つかり最期を遂げ
たとか．なお，史実では宗任は伊予
の国から筑前の国に流され，そこで
一生を終えたようです．（当初より
筑前の国に流されたという説あり）

2023 年 3 月 5 日

参考資料
稚児ケ滝不動明王の史蹟について　:
　真倉（舞鶴市（tangonotimei.com））
<u>安倍宗任 - Wikipedia</u>

不動明王の石仏

稚児の滝

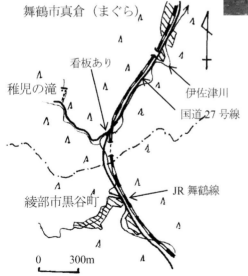

舞鶴市真倉（まぐら）

看板あり

稚児の滝

伊佐津川

国道 27 号線

綾部市黒谷町

JR 舞鶴線

0　　300m

65. 富久貴の滝

　富久貴（ぶくみ）の滝は福知山市夜久野町今里地区にあります．滝へは国道9号線の井田交差点から入ります．福知山から行くと，夜久野の街の手前のトンネルを抜けて坂を下ったところが入り口です．国道から府道707号線に入って7.8km行ったところに滝への入り口の案内板があります．場所は写真のようなところで，滝まで3分と書かれています．案内板の横にはお地蔵様がお祀りされています．滝はここから砂利道を180mほど行った先，駐車場の奥に懸かっています．

案内板とお地蔵様

こちらに入ります

府道からの入り口

滝手前の広場　滝は右奥にあります

　滝の高さは7mあまり．滝口から出た水は広がって数条に分かれ，急傾斜の砂岩の一枚岩の上を，薄く岩がはがれたような小さい段をつくりながら滑るように落ちています．この冬の大雪のせいでしょう，滝口には杉の倒木が掛かって，滝の外観を壊しています．この日は滝に至る車道のも倒木があり，最後の50mほどは棚田に迂回して歩きました．

　この滝には次のような「日限り（ひぎり）地蔵さんの由来」という伝説が伝わっています．

　　　　　[富久貴の滝と日限り地蔵さんの由来]

　江戸末期に，今里の村内に病で長い間床に伏していた病人に、ある日，「わし（地蔵さんのこと）を助けてくれたらお前を30日で元の元気な体に治してやる」という「夢見せ」がありました．

　その「夢見せ」とは，「わしはこの滝の上流にある富久貴山（伏見山）に祀ってもらっていたが，台風で流され，あちこちの岩に当たり身を削り姿は小さく変わり果てて滝つぼに落ちている．滝つぼで長い

正面から見た富久貴の滝　　　　右側から見た富久貴の滝

年月が過ぎ，わしの体も随分冷え切ってしまった．掘り出してどこか
陽当たりの良い所に祠を建て祀ってくれないか」という内容です．

　その話を聞いた身内の者は，藁にもすがる思いから身内総出で滝つ
ぼを掘り，底の方から見つけ出し，現在の所（ネゴリ谷の入口）に村
内の者総出で祠を建て祀って差し上げた．すると 30 日後には病人はも
との元気な姿になりました．

　この話が今里の村内から近隣の村々はもとより丹波・丹後・但馬地
方までも，「30 日の日を限ってお願いごとをすると願いが叶う」とい
う噂が広く世間に知れ渡り，後には御こもり堂もできて多くの人がお
詣りするようになりました．

（現地の案内板による）

2023 年 3 月 19 日

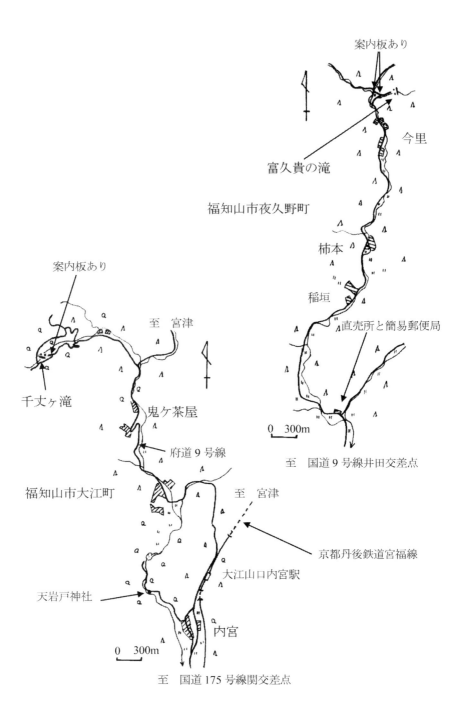

案内板あり

富久貴の滝

福知山市夜久野町

今里

柿本

稲垣

直売所と簡易郵便局

0　300m

至　国道9号線井田交差点

案内板あり

至　宮津

千丈ヶ滝

鬼ケ茶屋

府道9号線

福知山市大江町

至　宮津

京都丹後鉄道宮福線

大江山口内宮駅

天岩戸神社

内宮

0　300m

至　国道175号線関交差点

66. 千丈ヶ滝

　千丈ヶ滝は大江山の鬼で有名は福知山市大江町佛性寺地区にあります．滝は国道175号線大江町関の交差点から府道9号線に入り，内宮地区を過ぎ，鬼ケ茶屋のS字カーブを上った先で市道に入ります．ここまで関交差点から8.3kmでした．分岐点は左写真のようなところで，「酒呑童子の里」の看板があります．赤鬼の像もありますね．滝はここから1.8kmほど先，入り口は右写真のようなところで，道路脇には滝の紹介文が書かれた案内板があります．ここで右に下り，50mほど先の広場にカブを置いて70mほど歩くと滝の下に出ました．

こちらに入ります

案内板

こちらに下ります

　　府道からの入り口　　　　　　滝への降り口　右に下ります

　滝は広い谷に懸かっています．歩道の先から見える滝の高さは10mほど．流れを遮る急な岩体の上を右斜めに下る斜面の滝は高さ6mほどで，その下の3条の流れは高さ4mほどでしょう．その下は巨石が転がる渓流となって，見ているところまで下ってきています．滝の紹介文には「丹後州宮津府誌（巻之四）」として，

　　鬼ケ窟の西千丈ヶ嶽にあり，是又今福ノ瀧の趣に似て大なり．

　　其流直ちに二瀬川に落ちるなり．滝の口三間余にて二三十間ほど岩　　に添ふて流る．藁覆の不動堂あり．

と記されていました．案内板の他のところにも書かれていましたが，この姿は滝というより急な渓流という方が当たっているかもしれません．滝はこの上流にある橋の下あたりから始まっており，見える部分の上には2段の小さな急流があります．案内板の「高さ25m」とは，橋の下から写真を撮った辺りまでのことを言っているのでしょう．周囲はアカマ

ツが混じった雑木の林で，谷は広く水量も多いことから滝の雰囲気はいいですよね．なお，紹介文には今福の滝に似ていると書かれていますが，似ていませんよね（51 の今福の滝と比べてください）．

2023 年 3 月 19 日

千丈ヶ滝

67. 滝谷不動の滝（福知山市高津江）

　滝谷不動の滝は福知山市北部，由良川沿いの大江町高津江の山中に懸かっています．滝への入り口は大江町の関交差点から国道 175 号線を 8 km ほど北に行ったところ．国道脇に色あせた不動様の案内板が立っています．案内板には「不思議なほどご利益を授かる」と記されています．

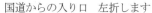

案内板

国道からの入り口　左折します

滝への入り口　右折します

　国道を左折して 800m ほど行くと右手にお地蔵様があるので右折して未舗装の道へ．未舗装の道を 300m ほど行くと広場と，その向こうに廃屋があります．ここで左に道を取り川沿いに上っていくのですが，ここから先は道が狭い所があり，また路面には枝が散乱していました．何より車は回すところがないので，この広場に車は置いて歩いて行ったほうがいいです．広場から 300m ほどで左に川を渡る赤い橋があります．ここにカブを置き，徒歩で滝に向かいました．

　橋から先は，道は広いものの荒れた竹林の中を上っており，道にも竹が散乱しています．そんな竹を避けながら登ること 6 分，右下の谷が深

ここを登ります

橋を渡って上っていきます

不動堂　滝の中段に石橋があります

不動の滝（上半分）　　　　　　不動の滝（下半分）

くなり，祠が見えて来ると到着です.

　不動様の祠の正面，滝を渡る石橋の上から見える滝の高さは10m あま
りでしょう. 上流は浅くて広い谷になっており，滝口も10m 以上はあり
そうです. 滝口の中ほどには木々が茂り，水は左右2条に分かれて斜面
を下って小さな滝つぼに入った後，まとまって狭い1条の流れとなって
眼前に到達しています. 石橋の下をくぐった水はさらに2段で10m ほど
の滝となり，岩を狭く深く掘り込んで落ちて流れていきます.

　下の滝はどうなっているのだろうかと，急斜面を下ってみると，右上
の写真のように，滝つぼへは何本も倒木が落ち，滝の姿を壊していまし
た. 深く侵食しているのが特徴なのに悲惨な状況ですね. なお，斜面の
途中には苔むした倒木もあり，何年もこの状態のようでした.

2023 年 4 月 2 日

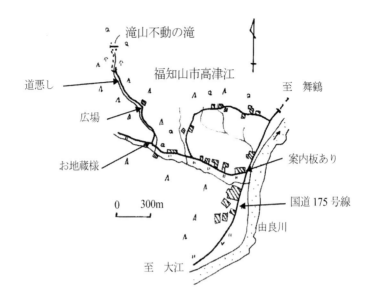

滝山不動の滝

福知山市高津江

道悪し

至　舞鶴

広場

お地蔵様

案内板あり

国道175号線

0　　300m

由良川

至　大江

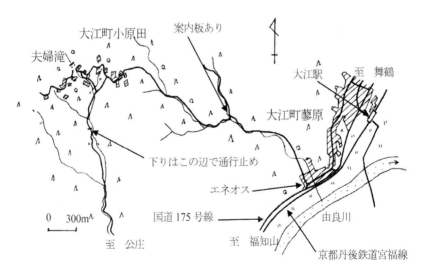

大江町小原田

案内板あり

夫婦滝

大江駅

至　舞鶴

大江町蓼原

下りはこの辺で通行止め

エネオス

国道175号線

由良川

0　300m

至　公庄

至　福知山

京都丹後鉄道宮福線

　　国道175号線の公庄（ぐじょう）にも滝の案内がありますが，途中が
通行止めで，公庄からは入れませんでした．

68. 夫婦滝

　夫婦滝は福知山市大江町小原田（おはらだ）地区にあります．滝へは大江町市街地南端の蓼原（たではら）地区から入ります．国道 175 号線からの入り口は写真のようなところです．国道 175 号線を北上し，エネオスの看板が見えたら左折します．左折して 3km ほど市道を上ると滝に到着です．滝は集落の中，市道脇に懸かっています．

左折します
国道からの入り口

　滝の高さは 5m あまり，沢状に流れたあと 2m ほど直に落ちています．2 条に分かれて落ちているので「夫婦滝」なのでしょう．滝つぼはありません．滝口には注連縄が渡され，滝の右手の岩の下には不動明王と脇侍でしょう，三体の石仏がお祀りされています．滝左手の案内板には「日限不動尊」と書かれています．また，滝の右手の市道脇には出雲大社のお社があります．信仰の厚い滝です．

2023 年 4 月 2 日

石仏

夫婦滝　　　手前の渕は堰き止めによるもの

69. 観練瀑

　観練瀑は福知山市喜多地区の金光寺の不動堂の裏手に懸かっていま
す．滝へ至る道は2通り，1つは国道175号線の下天津交差点から国道
176号線と府道528号線等を経由して登り口に行く方法．このルートで
は，下天津交差点から下野条の府道入り口まで6.0km，そこから登り口
まで3.4kmでした．2つ目は国道9号線の野花地区で国道426号線に入

| 国道176号線からの入り口 | 国道426号線からの入り口 |

り，4.4km行った一ノ宮地区で右折し，戸倉口橋を渡って登り口に達す
るルートです．このルートでは，戸倉口橋から登り口まで3.2kmありま
した．登り口は下写真のようなところで，滝の名はおろか，金光寺の案
内もありません．ここで道を写真では左にとり（下野条から来たら右に
とる），400mも上がると金光寺に到着です．

| 滝への登り口 | 滝は不動堂の裏手 |

　滝は右上写真で遠方に見える不動堂の裏手，駐車場から広い谷を5分
ほど登ったところに懸かっています．滝の下から見える高さは7mあま

り．大きくブロック化したゴツゴツの
岩の上を2筋の流れとなって斜面を滑
り落ちています．あまりパッとしない
滝です．滝口を広葉樹が隠しています
が，この上に渕があり，その上には5
mほどの上段が懸かっているのが見え
ます．造瀑岩は砂岩のようで，落ちて
きた水は少し流れて地中に吸い込まれ
ており，滝つぼはありませんでした．
　なお滝の名の「観練」とは仏教用語
に由来するようです．「金光寺の滝」
とも呼ばれています．（観練について
は資料のページ等をご覧ください．）
　　　　　　　　　　2023年4月2日

観練瀑（金光寺の滝）

参考資料：

観練薫修 - つらつら日暮らし Wiki〈曹洞禅・仏教関連用語集〉 (seesaawiki.jp)

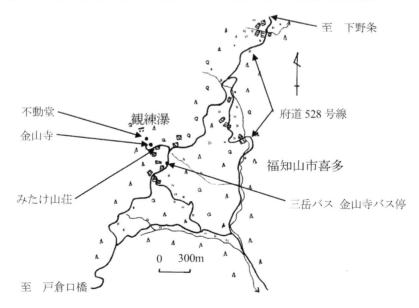

至　下野条

府道528号線

福知山市喜多

三岳バス　金山寺バス停

不動堂

観練瀑

金山寺

みたけ山荘

0　　300m

至　戸倉口橋

おわりに
　　　〜滝にお祀りされている神々〜

　古来，滝（正確には滝つぼ；渕）には蛇＝龍が棲むといわれ，旱魃時には酒を投げ入れて雨乞いを行っていました．なぜ龍＝雨乞いかというと，龍は雨や雲，水を司る神様と考えられていたからです．これはお釈迦様がお生まれになった時，九頭の龍が現れ，甘露の雨を注いだという伝承に由来しているかもしれません．

　仏教の生まれたインドでは，龍は何頭もいると考えられていました．その中でとくに有名なのが青龍です．青龍は陰陽道の四神獣の一つで東方の守護と考えられています．有名なところでは，奈良のキトラ古墳や高松塚古墳の石室内に描かれています．四神とは，東：青龍，西：白虎，南：朱雀，北：玄武です．日本では，青龍は龍神様としても信仰されていて，米原市や豊岡市，旧美山町には「青龍の滝」があります（地形図では豊岡市但東町の青龍の滝は「清龍の滝」となっていますが，龍神様の伝説があります）．なお青龍は様々な物事にエネルギーを与え，発展に導くといわれています．

　龍神様は青龍の他に白龍，黒龍，金龍，赤龍（紅龍），黄龍など，様々な色の龍神様がいます．これらの龍神様の中で，白龍について，白龍伝説のある「白龍の滝」が丹波市にありますし，五條市の「大滝」には白龍大権現がお祀りされています．なお白龍は西方を守護し収穫を象徴しているそうです．

　このような龍の中で最も位の高い存在が龍王で，まとめて「八大龍王」と呼ばれます．八大龍王にどのような龍王様がいるかについてはここでは関係がないので，興味がある方はネットの「八大竜王/八大龍王とは（https://shinto-bukkyo.net/bukkyo/天部/八大竜王・八大龍王/)」などをご覧ください．八大龍王は，元々は仏教からもたらされた龍神様で，仏教なのに神様というのも変では？とも思うのですが，仏教が日本に入る前から各地で信仰されていた龍の信仰と，新たに入ってきた仏教とが結びついて龍神＝水の神様として祀られるようになり，滝の神様になったと考えられているようです．

　丹波篠山市の筱見四十八滝の弁天滝や綾部市の弁天滝など，滝の近く

に弁財天がお祀りされていることがあります．なぜ滝のそばに弁財天が？と不思議に思って調べてみると，「弁財天」は元は聖なる河とその化身・水の女神だそうで，それが次第に芸術と学問など知を司る神となって「弁才天」と表されるようになり，その後財宝神としての性格が強調されるようになって「弁財天」と表されるようになったようです．このように弁財天は元々は水の神様なので，滝の近くにお祀りされているのでしょう．水の神様という点では龍王と同じなので，弁財天は龍神信仰と縁が深く，弁財天がお祀りされている神社には八大龍王も併せてお祀りされていることが多いそうです．

　八大龍王ではないのですが，倶利伽羅龍王という龍王様がいます．この龍王様は不動明王の化身だとされています．丹波篠山市には倶利伽羅不動の滝がありますが，文中で紹介したように龍女が棲んでいたという伝説があることから，この龍女が龍王様だったのかもしれませんね．

　不動の滝が出てきましたので，次に不動明王についてみていきましょう．不動明王の明王とは，一般に密教における最高仏尊である大日如来の命を受け，仏教に未だ帰依しない民衆を帰依させようとする役割を担った仏尊を指す言葉です．また，不動明王は大日如来が自ら変化した仏であるともいわれます．一般に明王が怒りの表情をしているのは，仏教の教えに従順でない者たちに対して，恐ろしげな姿で調伏するためともいわれます．

　不動明王は多い密教の明王中最強の明王とされています．菩薩や如来のような優美な姿ではなく，怒りに満ちた表情をしているのは，頑固で我を曲げず救いがたい煩悩のかたまりである我々人間を，怒りをもって立ち向かい救済するためだといわれます．その怒りは感情的なものでなく，煩悩への理性的かつ強烈な怒りです．このような不動明王ですから水とは全く関係がないように思われます．ではなぜ滝の近くにお祀りされているのでしょう．その理由として不動明王は人間の煩悩を断ち切り，幸を授けてくれると考えられていたことから，一般民衆に古くから信仰されていたということがまず根底にあるでしょう．このことに加え，滝の周囲は霊気が満ちた雰囲気であるのと，怒りに満ちたその姿が滝の力強さに合っていたので，滝の近くにお祀りされるようになったのでは？と考えたりします．なお，不動明王の頭に蓮が載っているのは，悟りを

開いている証拠だそうです．それにしても不動の滝多いですね．

　その他，仏教に関係する滝に名としては毘沙門の滝と虚空蔵の滝，権現の滝，明神の滝があります．

　毘沙門天は仏教宇宙の中心に位置する須弥山の四方を守護する四天王の一人で，また，四天王のリーダー格の神様です．毘沙門天は数ある守護尊の中でも最強と信じられ，国土守護の武神として信仰を集めてきました．戦勝祈願の神様ですね．戦国大名の上杉謙信の旗指物の「毘」の字は「毘沙門天」の「毘」の字ですし，滝に関する話では，土佐の長曾我部元親の嫡男信親は出陣の際に南国市岡豊町の毘沙門の滝に毘沙門堂を建立し，武運長久を祈ったと伝えられています．毘沙門の滝は丹波篠山市小原地区と，京都市右京区の栂ノ尾から梅ケ畑亀石町に行く途中の国道 162 号線脇にあります．前者は見ごたえのある滝が 3 つ連続していますが，後者は 2 段からなる規模の小さな滝です．なお，四天王とは北を守護する多聞天（独尊として信仰するときが毘沙門天），南を守護する増長天，東を守護する持国天，西を守護する広目天をいいます．

　虚空蔵の滝の名の由来は虚空蔵菩薩，「虚空（宇宙）」を神格化した仏様です（「大地」を神格化した仏様が地蔵菩薩）．数多い菩薩の中でも格別に強大な力を秘めた仏様で，無限の知恵と福徳を備え，求めれば惜しげなく与えてくれるといわれています．「虚空蔵」の名は山の名で時々見るのですが，滝の名としては珍しいと思います．京田辺市にある虚空蔵の滝は，滝に降りる途中にある虚空蔵堂に由来するものと思われます．

　「金毘羅大権現」などという呼び名がありますが，ここに出てくる権現とは仏や菩薩が衆生救済のために仮（権：仮の，臨時のの意味）の姿（神の姿）で現れること（垂迹）を意味しています．他方，「神田明神」など明神とは，神仏習合説による仏教側からの神を指す尊称です．いずれにしても神様のことです．すると，「権現の滝」や「明神の滝」は「神様の滝」ということでしょうか？　近畿中・北部では，私の知っている範囲で，権現の滝は四條畷市の緑の文化園南側と京丹波町和知仏主（ほどす）にあります．四条畷市の権現の滝の脇には八大龍王や不動明王がお祀りされています．またこの滝には名僧行基が雨乞いをして雨を降らせたという言い伝えがあるそうです．京丹波町の権現の滝は権現谷というところにあり，龍王様がお祀りされていました．周囲は「京都の自然二

百選」に選ばれていましたが，滝へは沢登する必要があったので，到達できませんでした（京都の自然に選ぶなら散策のための道は整備してほしいものです）．他方，明神の滝は旧美山町豊里の奥にあります．大きな渕があり綺麗な滝ですが低い滝です．権現の滝も明神の滝も四国でも散見しますが，滝の名としては多くはありません．

　以上，滝に祀られている神様について紹介してみました．拙文は以下の資料よりまとめました．私は仏教や神道は全くの素人ですので，認識間違いがあればお詫びします．それにしても近畿中・北部の滝は仏教との関係が深い滝が多いですね．

　参考資料
・八大竜王/八大龍王とは｜祀られる神社や仏教世界での意味・ご真言を解説｜神仏.ネット (shinto-bukkyo.net)
・龍神とは｜龍神様の種類・意味、日本の龍神信仰/伝説・祀る神社をご紹介｜神仏.ネット (shinto-bukkyo.net)
・明王 - Wikipedia
・弁才天 - Wikipedia
・権現とは？仏が仮の姿で現れること？読み方や意味、権現の一例も紹介｜イキカタ (nishinippon.co.jp)
・明神(みょうじん)とは？ 意味や使い方 - コトバンク (kotobank.jp)
・大江吉秀・田中ひろみ（2016）:『日本のほとけさまに甘える』．東邦出版．

　なお，『京都からカブで行く日帰り滝めぐり』1巡目には次の滝を紹介しています．
　1. 龍王の滝（京都府井手町）　　2. 音無の滝（京都市左京区）
　3. 鶏鳴の滝（滋賀県甲賀市）　　4. 不動の滝（京都府南山城村）
　5. 琴滝（京都府京丹波町）　　　6. 滝又の滝（京都市右京区）
　7. 源氏の滝（大阪府交野市）　　8. 桃尾の滝（奈良県天理市）
　9. 楊梅の滝（滋賀県大津市）　10. 三筋の滝（滋賀県甲賀市）
11. 識蘆の滝・永禅の滝（滋賀県東近江市）

12. 蒼滝（三重県菰野町）　　　13. 箕面の滝（大阪府箕面市）

14. 三の滝（滋賀県大津市）　　15. 鼓ケ滝（兵庫県神戸市有馬町）

16. 曇り滝（兵庫県神戸市淡河町）　17. 青龍の滝（滋賀県米原市）

18. 養老の滝（岐阜県養老町）　　19. 七種の滝（兵庫県福崎町）

20. 祈りの滝（奈良県御所市）　　21. くじらの滝（奈良県御所市）

22. 扁妙の滝・オウネンの滝（兵庫県神山町）

23. 新田不動の滝（兵庫県神山町）　24. 水無瀬の滝（大阪府島本町）

25. 権現の滝（大阪府四条畷市）　26. 大滝・御光滝（大阪府河内長野市）

27. 蜻蛉の滝（奈良県川上村）　　28. 和佐羅滝（奈良県東吉野村）

29. 七滝八壺（奈良県東吉野村）　30. 音羽の滝（京都市山科区）

31. 音谷の滝（南丹市美山町）　　32. 蓮如の滝（南丹市美山町）

33. 馬場滝（京都市右京区）　　　34. 菩提滝（京都市右京区・北区）

35. 霧ケ滝（京都市北区）　　　　36. 空也滝（京都市右京区）

37. 霧降りの滝（京都府京丹後市）

38. 味土野ガラシャ大滝（京都府京丹後市）

39. 布引の滝（京都府伊根町）　　40. 銚子滝（京都府宮津市）

41. 金引の滝（京都府宮津市）　　42. 毘沙門の滝（兵庫県丹波篠山市）

43. 筱見四十八滝（兵庫県丹波篠山市）

44. 満願の滝（大阪府和泉市）　　45. 文蔵の滝（和歌山県かつらぎ町）

46. 三重の滝（和歌山県かつらぎ町）　47. 白糸の滝（豊岡市出石町）

48. 清龍の滝（豊岡市但東町）　　49. 調子ケ滝（高島市マキノ町）

50. 済浄坊の滝（奈良県曾爾村）　51. 布引の滝（奈良県曾爾村）

52. 投石の滝（奈良県東吉野村）　53. 独鈷の滝（丹波市氷上町）

54. 床尾の三滝・不動の滝（兵庫県朝来市）

55. 行者の滝（大阪府泉佐野市）　56. 牛滝渓谷の滝（大阪府岸和田市）

57. 栗鹿滝（兵庫県朝来市）　　　58. 猿尾滝（兵庫県香美町）

59. 天滝（兵庫県養父市）　　　　60. 布滝（兵庫県養父市）

61. 赤目四十八滝（三重県名張市）

滝めぐり3巡目を始めています．2年ぐらいかけて回るつもりです．

著者略歴

武市伸幸

1979 年度　広島大学文学部史学科地理学専攻卒業
2005 年　　農学博士（鳥取大学）

建設コンサルタント（地すべり調査），私立学校教員等を経て，現在京都
市西院の武市塾（個人学習塾）にて生徒の指導に奮闘中．

この間，高知大学非常勤講師（郷土地誌，地域文化論）
現在，姫路獨協大学非常勤講師（地理学，自然地理学，人文地理学担当）

滝・湧水・古木の本
1992 年　『ガイド　こうち滝 100 選』．南の風社．
1996 年　『土佐の湧き水』．南の風社．
1997 年　『土佐の古木』．南の風社．
1999 年　『四国の滝めぐり』．南の風社．
2003 年　『四国百滝』．四国新聞社・愛媛新聞社・徳島新聞社共同．
2015 年　『滝と古木とことわざと』．リーブル出版．
2022 年　『京都からカブで行く日帰り滝めぐり』．リーブル出版．

京都からカブで行く日帰り滝めぐり2

2023年7月20日　初版第1刷発行

著　　者　武市　伸幸
発 行 人　坂本圭一朗
発 行 所　リーブル出版
　　　　　〒780-8040 高知市神田 2126-1
　　　　　TEL 088-837-1250
　　　　　https://www.livre.jp
装　　幀　白石　遼
印刷・製本　株式会社リーブル